KB254168

모든 꿈은 이루어진다

모든 꿈은 이루어진다

초판 1쇄 발행일 _ 2011년 2월 21일
초판 2쇄 발행일 _ 2011년 3월 22일

지은이 _ 박규리
본문 삽화 _ 이주용
펴낸이 _ 최길주

펴낸곳 _ 도서출판 BG북갤러리
등록일자 _ 2003년 11월 5일(제318-2003-00130호)
주소 _ 서울시 영등포구 여의도동 14-5 아크로폴리스 406호
전화 _ 02)761-7005(代) | 팩스 _ 02)761-7995
홈페이지 _ http://www.bookgallery.co.kr
E-mail _ cgjpower@yahoo.co.kr

ⓒ 박규리, 2011

값 10,000원

* 저자와 협의에 의해 인지는 생략합니다.
* 잘못된 책은 바꾸어 드립니다.

ISBN 978-89-6495-014-2 03810

모든 꿈은 이루어진다

| 박규리 지음 |

BG 북갤러리

　너무도 보잘것없고 초라한 글을 세상 사람들에게 선보인다고 생각하니 쑥스러운 마음만이 가득합니다. 말로 내뱉지 못하고 혼자 메모처럼 쓴 글을, 아니 나를 발가벗겨 놓은 듯한 글을 활자화해서 나온다고 하니 저절로 작아지는 나 자신을 봅니다.

　나는 내 자신이 가지고 있는 것이 최고가 아님을 알기에 현재의 능력으로 최선을 다하며 살뿐입니다. 신은 모든 사람에게 한 가지 이상의 재능을 주었다는 믿음을 가지고 뜨거운 열정을 품고 집중하며, 미친 듯이 나만의 목표를 향해 발걸음을 멈추지 않았을 뿐입니다. 많은 사람들이 젊은 날을 돌이켜보며 가장 후회하는 일은 무언가에 실패했다는 사실이 아니라고 생각합니다. 그보다는 그 어떤 것을 해보지도 못했다는 사실이 가장 후회스럽답니다. 설사 실패했을지언정, 한번 해보기라도 했으면 하는 것입니다. 한번 가면 되돌아 올 수 없는 인생을 후회와 아쉬움을 남긴 채 나의 인생을 접고 싶지 않은 절대적인 명제 앞에 나름대로 순간순간 최선을 다하고 싶었고, 다했을 뿐입니다. 바위틈에 아련히 핀 꽃이 고귀하고 아름답듯이 인생의 쓴맛과 단맛을 본 나만의 메모인데 성숙치 못한 글을 이래도 되는 것인가 하는 생각도 스칩니다.

꽃이 피고 지면 그 씨앗은 여물어 또 많은 꽃을 피우듯 저의 작은 밀어들이 한 사람 한 사람의 영혼 속에 뜻 있는 생활과 호흡을 같이하는 작은 바람으로 많은 격려를 부탁드리며, 멋지게 추억할 수 있는 인생을 만드시는 여러분이 되시길 바랍니다.

웃음 짓기가 어렵고,

엄마 잃은 아이처럼 기분이 울적하고,

모든 일이 다 틀어지고 암울했던 그 시절….

날려고 날으려고 날갯짓을 쳐도 날아오를 수가 없을 때 나에게 넓은 하늘을 향해 날 수 있는 날개를 달아주신, 나를 알고 있는 모든 분들….

당신들의 따뜻한 사랑의 햇빛에 싸여서 저의 모든 시간을 당신들과 함께할 수 있었습니다. 당신들의 크신 사랑으로 보다 큰 모습이 되어 있는 저를 보면서 이 작은 지면을 통해 감사한 마음을 전해봅니다.

모든 이에게 희망찬 아침을.

그리고 오늘 하루의 24시간 노력하는 당신의 삶에 박수와 파이팅을 보냅니다.

2011년 1월

박규리

차례

Step. 2 in the afternoon(12:00~18:00)

성공을 위해 나는 누구를 만나고 있는가

Step. 3 in the evening(18:00~24:00)

모든 꿈은 이루어진다

기도하는 마음으로
활기찬 아침을…

05시

새벽 5시

우리는 언제나 24시간이라는 하루를 맞는다.

언제나 그랬듯이 눈을 뜨면 아침이다.

나는 언제나 5시면 일어난다. 5시면 일상의 시작이다. 그리고 일상
이 시작되면 어김없이 살아 있다는 것에 감사를 느낀다.

일찍 일어나는 것에 대하여 난 남들보다 조금 더 기회가 주어진 것
이라고 생각한다. 그래서 난 새벽 5시에 울리는 자명종소리가 정겹다.

성경에 이런 말이 나온다.

“내가 새벽을 깨우리라.”

잠이 나를 깨우는 것이 아니라 내가 새벽을 깨운다.

스스로 내 삶과 가족의 파수꾼이란 사명감으로 눈을 떠라.

아침이 오는 것을 기다리지 말고 ‘내가’ 아침이 되자.

06시

아침에 기도하라

종교가 있으면 신께 기도를 하라.

오늘도 삶을 주신 것을 먼저 감사하라.

그리고 신께도 어린아이처럼 대화를 시도하자.

"굿모닝! 좋은 아침입니다"라고.

그리고 오늘 하루 일과와 생각들을 신께 아뢰라.

오늘도 만나는 사람들과 하는 일에 축복을 달라고 기도하라.

그리고 가족들의 건강과 행복을 위해 기도하자.

혹시 신께서 주무시느라 우리의 기도를 못 들으셨다 하더라도 우리의 뇌와 우리의 가슴이 반드시 이것을 기억한다는 것을 알아야 한다.

그리고 오늘 하루를 미리 감사하자. 감사는 '축복의 계약금'이다. 늘 아침마다 계약금을 치르는 일을 잊지 말자.

아침 뉴스

오늘 나는 속리산에서 열리는 사업 세미나에 성공 강의를 하러간다. 나는 오늘 아침도 침대에 누워서 나만의 뉴스를 진행한다.
"안녕하세요. 박규리입니다. 오늘의 아침 뉴스를 진행하겠습니다. 오늘 아침은 된장국을 맛있게 먹었습니다. 오늘 부모님도 건강하게 하루를 보내셨답니다. 오늘 날씨도 너무 좋고 사람들이 나를 너무 좋아합니다. 오늘 성공 강의에 성과가 너무 좋았습니다. 오늘 하루도 정말 멋있는 하루였습니다."

하루의 일과를 아나운서가 되어서 뉴스로 미리 진행해 본다.
내 뉴스가 끝날 때쯤 TV를 켜면 뉴스가 나온다. TV에 나오는 아나운서보다 내 얼굴이 훨씬 예쁜 듯하다. 그 이유는 나는 오늘 좋은 소식만 전했기 때문이다.

아침 올림픽

게으른 사람은 좀 더 잠을 자려고 노력하고 또 노력한다.

자명종소리를 끄고도 잠을 자다 침대에서 떨어져도 코를 골고, 양치질을 하면서도 눈을 감는다. 아침 기상은 전쟁과도 같다.

아침에 일어날 때 눈을 뜨면 천천히 일어나자.

나와 함께 휴식을 취하던 내 몸의 모든 것들도 천천히 눈을 떠야 한다. 나는 내 자신의 구단주이며, 감독이며, 선수이다.

아침에 일어나면서 천천히 기지개를 켜고, 발가락을 움직이고, 머리를 움직이고, 최대한 천천히 이불을 걷어내자. 그리고 반듯이 앉아서 허리를 움직이고, 일어나서 가벼운 스트레칭을 하자. 호흡을 유기적으로 하면서 얼굴의 근육을 이완시키자. 그리고 콧노래를 부르면 살며시 미소를 짓자.

우리의 몸이 최고의 재산이다. 겨울의 자동차 시동을 미리 거는 것처럼 우리 몸의 에너지를 천천히 그리고 소중히 가동시켜라.

오늘 우리의 몸을, 성공을 위해 엄청난 에너지를 가동하도록 미리 준비하자.

07시

아침 운동

아침 운동은 가볍게 하는 게 좋다.

일어날 때 천천히 일어난 것처럼 운동도 살짝 기분 좋게 하는 게 좋다.

산책을 하거나 가벼운 조깅 그리고 수영 등이 좋다.

이왕이면 좋은 공기를 마시며 운동하는 것이 기분도 상쾌해진다.

무리를 해서 운동을 하면 오전 스케줄은 피곤함이란 적이 몰려온다.

공복에 생수를 마시고 운동을 하면 더 활발한 하루를 맞을 수 있다는 걸 잊지 말자.

아침의 지휘

처음 시작하는 스케줄이 있는 아침.

성공자의 하루는 처음이 중요하다.

하루를 시작하며 좋은 음악을 듣는 건 너무 중요하다.

시끄러운 음악보다는 클래식한 음악을 감상해 보라.

음률에 맞춰서 마음을 가다듬고 오늘 하루의 일과를 정리해 본다.

식구들이 안 볼 때는 지휘를 해봐도 좋다. 수백 명의 오케스트라를 지휘하듯 손을 움직이며, 음악을 들으며, 상상해보자.

그리고 오늘 만날 사업적인 만남의 사람들을 머릿속으로 떠올려라. 그리고 그들을 상상하며 연주자들로 만들어라. 그리고 그들을 지휘하라. 반드시 그들은 오늘 내 지휘에 따라 연주하는 사업 파트너들이 될 것이다.

음악이 끝나면 거울을 보고 무대공연이 끝난 지휘자처럼 멋있게 인사를 하라.

인사를 하면서 당신의 비즈니스 연주는 이제 시작이 되었다는 걸 명심하라.

아침을 먹자

비즈니스를 하다보면 가족들과의 만남, 특히 함께하는 식사시간이 많이 부족하다.

가능하면 아침은 온가족들과 함께하라.

가벼운 대화를 나누며 반찬을 젓가락으로 가족들 밥그릇 위에 놓고 얼굴에 미소를 띠어라.

희망을 얘기하고, 오늘 하루의 축복을 나눠라.

부모님께는 건강을, 자녀들에게는 '긍정의 힘' 을 나눠줘라.

이 세상 그 어떤 반찬보다도 더 영양가 있고 맛있는 반찬을 주는 것이다.

열정적이고 성공하는 사업가는 가족에게도 아침 식탁에서 숭늉으로도 파이팅의 건배를 제의할 줄도 알아야 한다는 걸 잊지 말자.

코디네이션

의상은 그 사람의 첫 번째 명함이고 이미지이다.

자신만의 개성을 찾아라.

나는 개인적으로 화려한 옷을 좋아한다. 그 이유는 내 인생을 화려한 인생이라고 생각하기 때문이다. 어두운 인생은 나에게 어울리지 않다고 나는 판단했다.

비싼 옷을 찾기보다는 나만의 개성을 연출하는 법을 찾아내라.

나는 성공의 길을 나서면서 어느 날엔 옷을 수십여 벌이나 갈아입었던 하루를 기억한다.

화장이나 향수도 나만의 스타일을 고집해야 한다.

사치를 떨거나 화려함만을 추구하라는 것이 아니라, 나만의 개성

을 살려 고객들이 나를 보면 떠오를 수 있는 나만의 개성을 연출해야
한다.

어느 날 사무실에서 이런 말을 들었다.
"어제 영화관에서 OS님을 만난 줄 알았어요."
그런데 나는 어제 영화관의 간적이 없었다.
나중에 듣고 보니 앞줄에 앉은 사람이 나랑 같은 향수를 썼기 때문
에 그렇게 생각한 것이었다.
중요한 건 어제 이 사람은 나를 5분 이상 생각하고 궁금해 했으며,
나의 존재감을 가졌으리라.

나는 이번 주말에 백화점에 간다. 이유는 내가 쓰는 향수가 떨어졌
기 때문이다.

TIP

1. 자기의 개성에 맞는 의상을 선택하라.
2. 오늘 스케줄의 성격과 미팅 장소에 따라 의상을 체크하라.
3. 손수건과 스케줄 노트를 잊지 말자.
4. 가볍게 향수를 쓰자.
5. 의상에 맞게 가벼운 액세서리를 하자.
6. 핸드백이나 서류가방을 들고 거울을 보자.
7. 핸드폰(배터리), 지갑, 자동차, 사무실열쇠 등을 빠짐없이 체크하자.

08시

출근의 비밀

아침에 출근을 제일 먼저 해보자.

100m 달리기는 아니지만 출근을 가장 먼저 해서 사람들을 기다려 보자.

처음엔 어려운 일 같은데, 시간이 지나면 사람들이 나를 부지런하고 성실한 사람으로 인지하고 칭찬한다.

학교를 졸업하고 길거리를 다니는데, 사람들이 나를 보고 "아가씨!" 라고 불렀다.

처음엔 당황스러워서 뛰어가고 그랬는데, 자꾸 들으니까 나 자신이 아가씨처럼 도도하게 부르는 쪽을 쳐다보게 되었다.

성공의 비밀은 성실한 사람으로 불리는 것부터 출발된다.

과장님이라고 불리면 미래의 부장님처럼 행동하게 되고, 아줌마라고 불리면 나도 모르게 팔자걸음을 걷게 된다.

내가 어떻게 불리느냐가 매우 중요하다.

성실한 사람으로 불리는 칭찬이 우리를 성실한 사람으로 만든다.

이 글을 읽고 내일 아침에 첫 번째로 출근하는 사람이 있다면 그 사람은 반드시 성공하리라.

수년 동안 첫 번째로 출근한 선배로서 자신 있게 말하는 것이다.

정보의 전쟁

아침에 첫 업무를 신문읽는 것으로 반드시 시작하라.

오늘 우리가 사는 세상의 각종 정보를 머리와 가슴에 인지하라.

세상 사는 이야기를 가슴에 넣고 사람을 만날 때마다 꺼내서 함께 공감대를 형성하라.

정보가 없으면 전쟁의 승패도 바뀐다고 한다.

나는 어느 날 신문에서 목사님들의 직업의 애환과 어려움들에 관한 기사를 읽었다.

미팅 자리에서 만난 그분이 목사님 부인이었고, 나는 아침에 본 기사내용을 그저 이야기하며 그분을 위로했다.

그분은 눈물을 보이며 나에게 성공을 물어보았고, 나는 거침없이 그분에게 일의 열정을 선물했다.

그리고….

나는…. 뒤돌아서서 또 운다.

기억하자.

정보는 사람들을 만나서 편하게 대화를 나눌 수 있게 하는 커피 한 잔과 같다는 사실을 잊지 말자.

09시

기차 시간표

서울역에 가면 정신이 없다.

수많은 사람들이 모여서 움직이고 또 움직인다.

그런데 신기한 것은 누가 시키지도 않았는데, 모두 다 자기들이 알아서 출구로 나가고 기차를 타는지 사람들은 시간이 지날수록 기차역을 벗어난다.

이유는 각자 약속된 기차 시간과 정해진 기차표가 있기 때문이다.

우리도 하루를 살면서 정신없는 시간을 맞이한다.

하루가 어떻게 갔는지, 누굴 만났는지 정신이 없을 때가 많다.

반드시 아침에 시간표와 일정표를 만들어라.

시간표가 있을 때는 혹시 늦어져도 연착이라 생각하고, 다음 스케줄을 만들지만 시간표가 없을 때는 한 가지 약속이 늦어지면 하루 일정에 있어 낭패를 본다.

시간표와 일정표는 고객을 만나는 일정과 장소, 이동거리 등을 잘 살피고 꼼꼼히 체크해야 한다.

습관이 되면 주간 일정표를 만들어라.

그리고 월간 일정표를 만드는 순간이 오면 당신은 성공자의 첫발을 내미는 순간을 맞이할 것이다.

볼펜과 수첩을 꺼내서 오늘의 일정을 만들어라.

아침회의

아침회의는 하루의 첫 번째 미팅이다.

사업 파트너들과의 아침회의의 주제는 희망이다.

하루의 일과를 설계하고 시작하는 순간에 반드시 긍정과 희망과 열정을 선물하라.

초등학교 시절 매주 월요일 아침이면 운동장에서 애국조회를 하던 기억이 난다.

교장선생님의 연설이 너무 길어서 친구들 중엔 빈혈로 쓰러지는 친구도 있었다.

아침조회는 길지 않게 간결하고 반드시 열정과 파이팅 그리고 목표가 있어야 한다.

서로 악수와 등을 두드리며 하루가 시작되는 아름다운 삶을 축복하자.

사무실 분위기에 따라 명상이나 긍정의 글들을 감상하는 것도 좋다.

함께 따뜻한 차를 마셔라. 그리고 생일이나 좋은 일들을 맞은 사업자들에게는 반드시 공개적으로 칭찬하고 박수를 받게 하자. 그들은 이 작은 에너지로 하루 동안 큰 에너지로 바꿀 것이다.

기억하는가. 국민체조로 단합을 하던 학창시절을. 함께 맨손체조로 간단한 운동을 하는 것도 협동심과 파이팅을 주는데 있어서 도움이 될 것이다.

국민체조! 시~작! 그렇게 하루의 공식적인 일과를 시작하자.

성공하려면 일단 나를 변신하라

스스로를 변신하는 데는 어떤 것들이 있는가.

★ 나의 변신 리스트

1. 나의 미래에 대한 꿈과 비전을 그려라.
2. 기본을 갖추고 변하자.
3. 나만의 장점을 살리자.
4. 믿음과 확신을 갖자.
   − 자기 자신에 대한 확신
   − 자기 일에 대한 확신
   − 자기 미래에 대한 확신

내 자리는 누가 만들어 주는 것이 아니라, 내 자신 스스로 만드는 것이다. 모든 것은 마음먹기에 달려있다. 주위를 살펴보면 잘될 사람은 잘될 것만 하지만, 안 되는 사람은 안 될 짓만 골라서 한다.

자신과의 싸움에서 이길 수 있는 사람이 성공한다(자신과의 약속). 남과의 경쟁이 아니라 결국은 내 자신과의 싸움이다. 아무리 좋은 말과 생각도 내가 소화해서 행하지 않으면 아무 의미가 없다. 아무리 좋은 진수성찬을 차려놓고 먹었다 해도 스스로 소화하지 못하면 무슨 소

용이 있겠는가?

　간절히 원하면 이루어진다. 그렇다고 마냥 원하기만 해서는 안 될 일. 행동(실천)을 하면서 구체적으로 원해라.

　성공에는 핑계나 이유가 없다. 오로지 인내하고 끈기 있게 일하는 수밖에 달리 방법이 없다. '포기'라는 단어는 내일, 아니 영원히 버려라.

　나의 옛날(과거)이 무슨 소용이 있는가? 지금(이 순간)이 가장 중요할 뿐이다. 과거는 '부도난 수표'요, 미래는 '약속어음', 현재는 우리가 좋아하는 '현금'이다. 할 일 다 하고, 하고 싶은 것 다 하면서 '성공' 하는 사람은 없다. 남에게 피해주는 일이 아니라면 자신 있게 그리고 당당하게 '정면 돌파' 해라.

나는 어떤 삶을 선택할 것인가? 출생과 죽음 빼고는 모든 것을 내 자신이 선택해야 하는 것이다. 인생의 '맛과 멋' 을 알자. '꿈' 대신 '후회' 가 대신할 때는 죽어가고 있는 것과 마찬가지이다.
내 인생의 뭐가 잘못 되었나, 그 우수점을 찾아라. 마음에 부정적인 씨앗을 뿌리면 가슴이 쓰레기통이 되고, 긍정적인 씨앗을 뿌리면 금덩어리가 된다는 진리를 결코 잊지 말라. 항상 긍정적인 사고와 긍정적인 말만 해야 한다.

중도에 목표를 중단하거나 수정하지 마라. 일은 저지를수록 할 수밖에 없다. 또한 새로운 도전도 두려워하지 마라. 머리로 생각나면 바로 시작하라. 이왕 시작했다면 중도에 목표를 중단도, 수정도 하지 마라.

성공하는 사람은 태어난 운명과는 거리가 멀다. 세상의 멋진 성공한 사람을 보면 태어난 운명에 의해서 결정지어졌다기보다는 노력에 의해서 만들어지는 것이다. 자기 자신을 관리할 줄 알고, 스스로를 이겨낼 수 있어야 한다. 그리고 닮고 싶은 사람이 있다면 스스로 그 사람이 되어라.

10시

박규리 1

나는 영업을 시작하기 전에 항상 내 이름을 세 번 부른다.

박규리, 내 이름이다.

박 – 박 터지게 살아온 내 인생 어두웠었다.

규 – 규제받고 힘들게 살았던 내 인생이지만,

리 – 리더가 되기 위해 나는 오늘도 나선다.

각자 자기 이름을 세 번 불러보자.

눈물이 나올 만큼 가슴이 뜨겁지 않은가.

평상시 "대한 독립 만세!"를 세 번 불러보자….

아무런 느낌이 없을 수도 있다. 그러나 유관순 언니처럼 우리가 일제 강점기에서 고통 받았던 시대에 살고 있다고 생각해보자. 그리고 "대한 독립 만세!"를 불러보라.

어떤 감정이 밀려오는가?

우리가 힘들었던 삶의 기억들을 돌아보고 생각해보자. 그리고 이 현실에서 해방되고 탈출해야 하는 우리의 이름을 크게 세 번 부르자. 그리고 사무실을 힘차게 나가자.

악수

고객을 만날 때 제일 먼저 하는 일은 인사를 하는 일이다.

사람을 처음 만날 때 남녀 구분 없이 첫 번째 스킨십이 악수이다.

손을 내미는 건 마음을 내미는 것과도 같다.

여름에 악수를 할 때에는 땀을 반드시 닦아야 하고, 겨울에 악수를 할 때에는 반드시 장갑을 벗고 인사를 나누어야 한다.

그런데 손을 내밀기 전에 더 먼저 중요한 것을 주어야 한다.

바로 미소. 미소를 주어야 한다.

미소를 보이고 환하게 웃어라. 첫 만남의 미소의 표현은 "당신을 만나서 반갑습니다. 그리고 당신을 만나서 기분이 좋습니다" 라는 하나의 표현이다.

그리고 명함을 건네주고 인사를 하라.

고객을 장례식장에서 만난 게 아니라면 함께 미소로 당신을 만날 것이다.

그리고 본인 이름을 정확하게 큰소리로 이야기하라.

"안녕 하세요. 박규리입니다" 라고.

고객은 한 번 더 명함을 보며 당신을 인지할 것이다.

미소와 악수, 당신은 고객과 벌써 첫 번째 영업을 하기 시작했다는 걸 반드시 기억하라.

들으며 생각하라

언어 공부의 가장 중요한 것이 듣기 평가이다.

먼저 듣는 것이 들려야 말도 잘 할 수 있기 때문이다.

고객의 말을 경청하라. 고객을 만나자마자 기다렸다는 듯이 공격적으로 영업을 시작하지 마라.

고객의 상황과 현실 그리고 인간적인 모습을 파악하자.

그리고 고객의 필요한 맞춤식 영업을 시작하라.

현대에는 우물이 없다. 우리 부모님 세대는 힘든 일이 있을 때는 누구에게 말도 못하고 마을 우물에 가서 우물 안을 쳐다보고 속상한 얘기를 했다는 걸 아는가?
그리고 속상한 마음을 우물에서 주는 물 한잔에 눈물을 훔쳤다.

고객에게 우물이 되자.
고객으로부터 많은 이야기들을 듣고, 그 다음에 우리는 준비한 물 한잔을 준다.
우리가 주는 물 한잔이란 무엇인가.
당신은 영업의 귀재가 되기 시작했을 뿐이다….

나비효과

나비효과(Butterfly Effect)라는 말을 들어본 적이 있는가?

아마존 정글에서 나비 한 마리가 날갯짓을 한 사건이 엄청난 사건을 일으킨다.

나비의 날갯짓 때문에 꽃가루가 날려 옆에서 바나나를 먹던 원숭이 등에 떨어지고, 원숭이는 등이 간지러워 나무에 등을 비비고, 나무에서 돌이 떨어져서 큰 바위를 지탱하는 돌에게 영향을 주고, 그 돌들은 함께 굴러 산사태가 나고, 굴러 내려온 돌들은 산 밑 하천을 막아 버리게 되고, 흐르던 물이 계속 차올라 산 중턱 분화구 위까지 영향을 주어 가스를 방출하지 못해 압력이 높아져서 결국 화산이 폭발하게 된다.

그리고 기상의 변화를 일으키고, 전 세계의 대기권에 급격한 변화를 일으키면서 폭풍이 휘몰아 칠 수 있는 것이다.

오늘 아침 우리의 삶의 몸부림이 무엇인지 생각해보자.

사랑하는 가족들을 행복하게 하기 위한 작은 날갯짓이 아닌가.

날갯짓이라고 생각하니 눈물이 핑 돈다.

힘들고 처절하게 날갯짓하며 살아온 인생길, 날지도 못하고 바닥에 떨어지고 짓밟혔던, 부러진 우리의 날개들….

날갯짓이 힘든가? 날갯짓이 창피하고 외로운가? 그러나 오늘 우리는 한 가지 생각의 전환을 해야 될 시간이 왔다.

고객을 만나고, 제품을 설명하며, 사업의 비전을 주는 우리의 날갯 짓이 포기하지 않고 열심히 한다면 결국 엄청난 결과를 이룰 수 있다 는 확신을 가져라.

기억하자.

지금 우리가 입술을 깨물며 몸부림치는 날갯짓이 결국엔 나를 변화시키고 가정을 변화시키는 엄청난 효과(Effect)를 통한 기적(Miracle)을 낳는다는 것을 기억하라.

나 역시 나의 작은 날갯짓이 전국을 흔드는 것을 경험하였다.

오늘 아침도 박규리는 청주라는 작은 도시에서 힘차게 삶의 날갯짓을 시작하련다.

1년에 10만(?)

사업을 하면서 새 차를 구입했다.

정말 열심히 전국을 다녔고, 강의도 하며 많은 사람들을 만났다.

일 년이 지난 후, 자동차의 킬로미터 수가 10만이 넘었다.

동료 사업 파트너가 웃으며 내게 물었다.

"OS님, 무슨 차가 택시입니까? 왜 이렇게 많이 주행하십니까?"라고 했다.

나는 웃으며 말했다.

"그럼요! 택시죠. 고객의 꿈을 실어 나르는 꿈의 택시입니다."

"저는 전국이 제 무대거든요."

그리고 함께 크게 웃었다.

내가 10만 킬로미터를 운행한 이유는?

솔직히 고백하자면 간단했다.

몇 해 전 어느 성공한 강사가 강의에서 "일 년에 차를 9만 킬로미터나 운행했다. 열심히 살았다. 그래서 지금은 성공했다"라고 말하는 걸 들었다.

난 그저 '저 사람처럼 일해야지' 하고 9만 킬로미터를 넘기려고 달리고, 더 달렸을 뿐이다.

내 성공의 이유가 단순하고 촌스러운 것 알고 있다.

그렇다. 나는 단순했다. 그저 '그 성공자보다 조금 더 달리면 되지' 하는 마음에 누가 시키면 시키는 대로 따라하는 초등학생처럼 나는 달리고 달렸다.

오늘은 어디로 가야 하나?

우리의 목적지는 우리가 잘 알고 있다.

영업인들이여, 오늘도 꿈을 배달하러 달리고 또 달리자.

누군가 영업과 사업을 위해 10만 킬로미터 이상을 주행한다면 그의 성공을 자신 있게 장담한다.

바닥의 의미

성공한 사람들의 공통점은 모두들 인생의 바닥까지 내려가 봤다는
점이다.

축구공이 하늘로 오르기 위해 땅을 치고 오르듯.

혹시 바닥까지 인생이 왔다고 믿는 사람이 있는가. 축하한다. 당신
은 이제부터 오를 수 있기 때문이다.

박규리도 이미 바닥을 경험했다.

세상 살기가 싫을 만큼 바닥이었다.

어떤 인생보다 힘들고 어려운 삶을 경험했다.

8년 전, 대전의 어느 세미나에서 지금의 민윤기 OS를 만났다.

그의 열정 있는 강의에, "저 사람도 하면 나도 할 수 있겠다"라고 생
각했다.

나는 바닥에서 오르기 시작했다. 정말 열심히 살았다. 나는 알았다.
점프를 하려면 바닥을 힘껏 밟아야 한다는 것을….

바닥이었던 내 삶이 행복한 삶으로 바뀔 수 있도록 도와주신 민윤기
OS님께 진심으로 감사드린다.

변화란 하루아침에 오는 것이 아니다

고객은 마음이 열리는 시기가 있다.

먼저 지치고, 포기하지 마라. 제품 전달을 했으면 고객 한 명, 한 명에게 최선을 다하라.

성공하려면 뚜렷한 주관을 가져라. 변화에 적응하라(익숙한 것과의 결별의 시대가 지금의 시기다).

많은 사람들이 나를 좋아하게 만들어라.

인간관계를 잘 맺어야 한다(실패를 해도 인간관계, 성공을 해도 인간관계이기 때문이다).

변화란 하루아침에 오는 것이 아니다. 서서히 오지만, 하루하루 쌓여서 나중에는 엄청난 것이 된다.

남과 북의 차이는 뭘까?

단 하나다. 북한은 변화를 하지 않았다. 외부와의 차단이 결국은 최악의 국가로 전락하고 말았다.

어떻게 버느냐가 문제다. 자본주의 사회에서 돈은 많을수록 좋은 것이다.

나의 삶은 하류층, 중류층, 상류층 중 무엇일까?

'나는 절대 이대로 살지 않겠다' 는 마음자세가 중요하다.

타인이 생각하는 나의 이미지는?

(표정, 음성, 용모, 인사, 대화 등 모든 것을 다시 한 번 체크해보자.

내 몸이 상품인가를 체크해보자.)

새해 첫날에

맑고 고운 함박눈이 와주길 바라는 마음으로, 다가올 새해를 맞아 희망하는 모든 것을 이루길 기도해 본다.

내년에는 남모를 한숨 쉬는 날이 없기를 나 자신을 강하게 무장하자.

자식에게 버림받는 첫 세대다.

세상의 중심에 서려면, 모험을 즐겨야 한다.

돈보다 더 중요한 것은 인격이다.

새해 첫날에 에스랜드 모든 사업자들과 내가 아는 모든 사람들에게 마음속으로 세배를 한다.

새해 복 많이 받으세요.

TIP

시계를 보는 걸 삼가라.
자칫 본인이 바쁘다는 인식이나 지금 대화가 지루하다는 걸 보여줄 수도 있다.

사람은 눈으로 말을 할 수 있다.
고객이 편안함을 느낄 수 있게 눈으로 말을 하라.
당신에게 관심 있고 당신을 축복한다는 메시지를 눈으로 전하자.

11시

나는 조명감독

고객과 대화할 때 시선을 고객의 눈에서 벗어나지 마라.

가끔 사업자들이 고객과 미팅을 하다가 다른 데를 습관적으로 자주 쳐다보는 걸 발견한다.

우리는 고객을 무대 위의 주인공으로 만들어 주어야 한다.

연극 무대 위의 주인공을 비추는 조명이 꺼지거나 다른 쪽을 비춘다고 생각해보라.

주인공은 대사를 잊어버리거나 연극의 흐름이 깨질 가능성이 높다.

우리의 눈은 고객의 눈을 응시하고 고객의 눈의 동선을 따라 같이 움직여야 한다.

이 순간 우리는 최고의 조명감독으로 미래의 사업파트너를 환하게 비춰주어야 한다.

영업의 주인공은 내가 아니라 고객이다.

우리는 주인공을 빛나게 하는 조명감독으로 이 순간을 임해야 한다.

고객과의 만남이 영업이다.

고객을 만난다는 것은 영업의 시작이다.

고객과의 만남에 있어서 약속시간을 지키는 것은 너무 중요하다.

한국 사람들은 코리아 타임(KOREA TIME)이라는, 말도 안 되는 것을 만들었다.

조금 늦어도 괜찮다는 인식을 버려야 한다.

고객과 만날 때는 약속시간보다 5분 먼저 가서 기다려라.

5분 동안 만날 고객의 나이, 직업, 성격, 고향 그리고 오늘 미팅의 대화 등을 미리 생각하고 준비해야 한다.

고객이 약속시간이 늦었을 경우에도 절대로 얼굴을 붉히거나 짜증을 내서는 안 된다.

항상 밝고 활기차게 고객을 맞아야 한다.

1. 고객과의 약속시간은 생방송이다. 무조건 지켜라.

2. 고객과 만남은 나의 성공의 시작을 의미한다.

3. 고객이 약속시간을 못 지켜도 그 상황을 사랑하라.

4. 고객과의 시간 약속을 사정상 못 지켰을 때에는 다른 이유를 대지 말고 고객이 민망할 정도로 사과하라.

5. 고객과의 만남을 시작할 때 대화의 시작을 나는 이렇게 했다.

"안녕하세요. 박규리입니다. 귀한 시간을 내주셔서 정말 감사합니다. 너무 인상이 좋으시네요. 귀한 시간을 내주신 만큼 지금부터 좋은 시간이 될 줄 믿습니다."

고객의 눈이 초롱초롱해지는 것을 아마도 수천 명은 본 듯하다.

칭찬의 힘

우리가 쓰는 말에는 강력한 에너지가 실려 있다.

우리의 언어에는 힘이 실려 있고, 능력이 실려 있다.

영업을 하면서 부정적인 말을 즐겨 쓰는 사람들이 많이 있다.

영업을 하는 데 있어서 가장 조심해야 할 것이 부정적인 언어이다.

1. 남을 욕하거나 비판하지 마라.

2. 틈나는 대로 사람을 칭찬하자.

옛말에 말 한마디로 천 냥 빚을 갚는다고 했다.

우리 딸은, 요즘은 말 한마디로 카드빚을 갚는 단다.

고객을 칭찬하라. 아무리 찾아도 칭찬할 것이 없더라도 인상이 좋다고 칭찬하고, 옷이 잘 어울린다고 칭찬하라.

칭찬은 고래도 춤추게 한단다. 고객이 칭찬을 통해 마음으로 춤을 춘다면 우리도 함께 그들과 춤을 추자.

사업의 춤을, 성공의 춤을….

숫자의 인용을 즐겨라

영업을 하면서 '과연', '맞다!' 라고 인정을 받아내는 대화의 기술이 참 어렵다.

추상적이고 때론 영업과 성공의 열정을 감성적으로도 해야 하지만, 객관적인 이미지를 주는 방법도 중요하다는 것을 잊지 말자.

예를 들어 '건강과 성공'에 대한 애기를 할 때도,

A : 한국 사람들이 요즘 너무 비만하지 않습니까? 건강해야 될 텐데…. 성공하면 참 좋아요. 가정도 행복하고 삶의 질도 풍요롭고….

B : 한국 사람 비만율이 40%가 넘는데요. 10년 전보다 5%가 증가했지요. 심각한 상황입니다. 저는 일을 열심히 해서 30평대 아파트에서 40평대로 이사했어요….

물론 A 방법이 틀린 방법이란 게 아니다.

현대인들은 숫자와 데이터(Data) 그리고 통계를 좋아한다.

당신의 영업과 사업 그리고 성공의 비전을 숫자와 통계로도 고객을 매혹시킬 수 있어야 한다.

"우리 회사는 작년에 1,000억 원 매출을 올린 회사고요. 저는 30%의 고객수의 증가로 인해 매출이 40% 올라서 연봉 1억 원이 올랐어요"라고 설명을 구체적으로 해보라.

전문가적인 영업은 숫자와 통계를 표현하는 것부터 시작된다는 것을 경험할 것이다.

장소

고객을 만날 때 대화의 기술도 필요하지만, 장소의 선택도 중요하다.

사무실에서 만날 때에는 별문제 없겠지만 상황에 따라 외부에서 만나는 일도 많다.

처음 만날 때 시끄러운 호프집이나 막걸리 집에서 대화를 나눈다고 생각해보라. 대화의 내용보다는 시끄럽고 좋지 않은 내용만 고객은 기억할 것이다.

또한 만나는 사람의 나이, 종교, 성별 등에 따라 지혜롭게 장소의 선택을 해야 한다.

예를 들어 나이가 있으신 고객과 만나는 미팅에서 요즘 신세대들이 가는 커피숍을 간다면 딱딱한 나무의자와 셀프서비스, 아메리카노 커피 그리고 선불요금제 등 영업 미팅이 무거워질 수 있다.

'사업은 지혜라는 CEO' 와 함께 동업해야 한다.

드라마에도 연출 PD 외에도 장소만 찾는 PD가 따로 있다는 얘기를 들었다. 좋은 그림을 담기 위해서는 장면마다 어울리는 배경이 필요하기 때문일 것이다.

나는 몇 해 전 한 고객과의 만남의 장소를 잊을 수가 없다.

그 고객은 친정어머님을 하늘나라로 떠나보낸 지 한 달 정도 된 30대 주부였다.

난 그 사실을 모른 채 차에 올라 커피 한잔 마시자고 부탁했다.

고객은 30분 정도 떨어진 조용한 찻집으로 안내하였고, 그곳에서 차를 마시며 대화를 나누었다. 처음 와본 곳이라 이곳에 자주 오느냐고 묻자, 돌아가신 엄마랑 자주 온 곳이라고 이야기를 하며 눈시울을 붉힌다.

가슴이 아팠다. 나도 모르게 손수건을 꺼내어 흐르는 눈물을 닦았다.

그리고는 한동안 말없이 차만 마셨다.

몇 주 후 나는 이 고객에게 문자를 보냈다.

[주말에 엄마 만나러 차 한잔 하러 갈래요?^^]

금방 답장이 왔다.

[네^^]라고….

영업을 하는 아름다운 사람들이여, 이제부터 당신 지역의 특성에 맞는 장소 100여 개를 수첩에 담아라.

리액션의 무게

TV를 보면 쇼 프로그램에서 아르바이트 방청객들의 과도한 리액션(Reaction)을 볼 때가 있다.

이들 때문에 쇼 프로가 더 재미있어지고, 출연한 연예인들은 더욱 신나서 방송을 하는 것 같다.

리액션의 뜻은 '반응하다' 이다.

사업을 하다 보면 그리고 고객을 만나다 보면 우리도 어느 정도의 리액션이 필요함을 느낀다.

사람과 사람의 만남이 영업과 사업의 시작이다. 너무 딱딱한 사업적인 얘기만 주고받으려면 서면으로 혹은 팩스로 하는 편이 나을 것이다.

서로 대화에 표현해 주고 반응해 주면 사업을 떠나서 좋은 시간을 보낼 수 있다.

고객의 말과 행동에 표현하고 반응하라.

슬픈 이야기를 할 때는 함께 슬퍼해 주고, 기쁜 소식을 전할 때는 진심으로 기뻐해 주자.

함께 즐겁고, 슬프고, 속상하고, 같이 화나고…. 그러다 보면 사업을 떠나서 우리는 인생을 배운다.

그리고 고객이 아닌 친구도 한 명 얻는다.

영업은 눈사람 같다.

겨울에 하나의 볼품없는 연탄재 하나가 구르고 또 굴러서 커다란 눈사람이 된다.

지금 이 글을 읽고 30초간 본인 인생에 격려의 박수를 쳐보라.

축하한다! 지금 당신은 최고의 리액션을 시작하였다.

고객의 정보

고객을 만나기 전, 고객에 대한 정보를 많이 알수록 영업의 효과가 크다.

1. 고객의 나이와 직업

2. 고향과 가족관계

3. 성격과 건강상태

4. 사는 곳과 재정상태

5. 기타 정보들(요즘 일어난 삶의 사건들….)

최소한 위의 다섯 가지는 머릿속에 인지하고서 미팅을 해야 한다.

우리 딸은 대학에서 무용을 전공하고 있다.

우리 딸에게 수다를 들었다.

어느 날 남학생이 캠퍼스에서 딸에게 다가와서 이렇게 말했다고 한다.

"안녕 하세요…. ㅇㅇㅇ 씨죠? 무용 전공하시죠? 지난번 공연 잘 보았습니다. 저는 법대를 다니는 ㅇㅇㅇ입니다. 성격이 좋고 활발하시다죠. 아름다우시네요…. 친구 ㅇㅇㅇ를 통해서 얘기 많이 들었습니다. 언제 한번 봬요…."

우리 딸은 얼굴이 빨개졌고, 나에게 이렇게 말한다.

"엄마, 나 그 친구와 친구해도 될 것 같아. 매너도 좋고 머리도 좋은 것 같아…."

나는 미소를 지었다. 그리고 딸에게 이렇게 말했다.

"니 맘대로 하세요."

말의 힘

한 심리학자가 '말의 힘'을 확인하기 위해 실험을 했다.

두 개의 화분에 같은 종류의 식물을 심고, 같은 환경을 제공해주었다. 두 화분을 모두 양지 바른 곳에 놓아두었고, 정해진 시간 동안 물과 양분을 공급해주었다. 하지만 한 가지 조건만은 달리했다. 'A 화분'에는 늘 칭찬과 격려의 말을 들려주었고, 'B 화분'에는 책망과 꾸중의 말을 들려주었다.

A 화분에는 "너는 참 아름다운 꽃이다. 잘 자라서 아름답게 피어라."

B 화분에는 "너는 꽃도 못 피고 말라죽을 거다. 넌 가망이 없단다."

A 화분은 그 말처럼 좋은 열매를 맺고, 아름답게 자랐다. 아울러 B 화분 역시 그 말처럼 꽃을 피우지도 못하고 말라죽어버렸다. 식물도 말의 영향을 받는 것이다. 하물며 사람은 두 말할 필요도 없다. 말이란

그저 내뱉고 나면 사라지는 한낱 소리에 불과하다고 말할지도 모른다. 하지만 그건 말의 특성을 과소평가한 것이다. 말이란, 힘이 있고 권세가 있다.

성경에는 이 세상에서 가장 존귀한 것도 혀이고, 가장 사악한 것도 혀라고 기록되어 있다. 가장 존귀한 혀는 긍정적인 말로 희망을 파생시키지만, 가장 사악한 혀는 부정적인 말로 파멸을 불러온다. 긍정적인 말을 지속적으로 들은 사람은 선과 희망을 품게 되지만, 부정적인 말에 사로잡힌 사람은 악과 절망의 포로가 되기 쉽다.

사업을 하다 보면 사람과 사람이 부딪히는 일이 종종 있다. 본의 아니게 감정이 상할 때가 더러 있기 마련이다. 돈 드는 것도 아닌데 자신의 의사를 고집스레 관철하기 위해 남에게 상처를 주는 일은 없었으면 한다. 부정적이고 남의 가슴에 상처를 주는 말은 피하고, 긍정적이고 즐거운 말을 하도록 하자.

★ 해야 될 말들

1. 당신은 할 수 있습니다.
2. 힘내요, 포기하지 말아요.
3. 인상이 너무 좋으세요.

4. 꿈을 가지세요.

5. 사람들이 당신을 좋아합니다.

6. 당신은 부자가 될 수 있어요.

7. 당신은 건강할 거예요.

★ 하지 말아야 될 말들

1. 당신이 그걸 할 수 있겠어?

2. 힘들면 그만둬!

3. 요즘 무슨 일 있어? 얼굴이 왜 그 모양이야?

4. 몰라. 하루하루 지겨운 세상 대충 살지 뭐.

5. ○○ 엄마가 당신 흉보더라.

6. 난 원래 가난한 팔자인가 봐.

7. 오늘도 죽지 못해 사는 거지.

우리들의 말에는 권세가 있다. 하늘이 주신 권세를 만나는 사람마다 긍정의 말로 외쳐라.

오늘은 청주 사무실에 예쁜 화분 하나를 올려놓아야겠다. 물론 이 화분은 아름답게 꽃을 피리라.

사업을 하십니까? 그럼 거절을 즐기세요

우리 집 아파트에 아침마다 중국집 스티커를 붙이는 아저씨가 있다.
처음에 며칠은 그냥 그렇게 못 본 척했는데, 매일 붙이니까 조금 짜증
이 나서 "아저씨, 스티커 그만 붙이세요." 하고 싫은 소리를 했는데….
비가 오나 눈이오나 매일 붙이는 그 아저씨….

그러던 오늘, 우리 집에 갑자기 단체 손님들이 들이닥쳤고, 난 당황
했다. 급한 나머지 현관에 붙인 중국집에 전화를 할 수밖에 없었다.
수십만 원어치 요리가 배달이 되었고….
방긋 웃으며 요리를 양손 가득 들고 현관문을 열고 들어온 '철가방
아저씨.'
그 아저씨는 영업의 성공을 거두었다.
거절을 즐기고 본인의 영업을 끝까지 포기하지 않은 진정한 '영업
맨' 이었다

아저씨!
저도 오늘 한 가지 배웠습니다.
저도 나의 사업 스티커를 매일 사람들의 가슴에 붙이겠습니다.
거절을 즐기면서 말입니다….

목포는 항구다. '목표가 항구다(?)'

오늘도 강의를 했다.
단순한 사람이 성공한다고….

옛 속담에 '한 우물을 파야 한다' 라고 했는데….
갑자기 운전을 하다가 웃고 말았다.

사람들은 '한 우물을 판다' 고만 했지, 우물을 판 다음엔 우리에게
목마름을 해결해주는 물이 나온다는 사실 아닌 사실은 잘 강조하지 않
는다. 하하하….

나도 열심히 한 우물을 파야겠다. 누가 뭐래도….
난 목마르면 안 될 나의 가족들과 파트너들이 있기 때문에….

내 눈에 항구가 들어온다. 단순하게 목표를 갖자.
물이 시작되는 곳, 항구.
단순한 목표가 항구다.
그리고 많은 사람들에게 물도 줄 수 있다면….
체하지 않게 희망이라는 버드나무 잎을 물에 띄워서 마시게 하고
싶다.

성공의 십계명

나만이 느끼는 성취감을 많이 느끼자.

모든 일에 감사하는 마음을 갖자.

나 이외에는 모두가 스승이다.

위대한 사람은 정해진 것이 아니라 만들어 가는 것이다.

'성공' 은 습관이다.

나의 성공적인 삶을 위해서는,

1. 나의 삶에 확신을 갖자.

2. 남을 가르치려하지 말고, 내 자신이 변하자.

3. 나를 위해 살지 말고, 남을 행복하게 살게 하기 위해서 노력을 해라.

4. 무엇이든 최선을 다하며 살자.

5. 열정적으로 살자.

6. 정신력과 집중력을 갖자.

7. 진짜 능력 있는 성공자가 되자.

8. 최고 오너의 꿈을 키우자.

9. 조그마한 일에 연연하지 말고, 큰 것을 보고 가자.

10. 지금 일하는 것보다 더 열심히 해야 한다(나는 상장된 주식이다).

성공을 위해
나는 누구를 만나고 있는가

12시

세 번의 점심식사

영업을 활발히 하다보면 점심식사 약속이 세 번 잡힌 적도 있었던 걸 기억한다.

11시, 12시, 1시 30분. 세 번의 식사 약속이었지만 나는 점심 약속을 즐긴다.

식사를 하면서 대화를 나누면 천천히 친근감이 느껴진다.

성경에 나오는 예수님도 항상 제자들과 떡을 드시며 만찬을 즐기신 걸 우리는 안다.

　음식의 양은 조절을 잘해서 먹어야 하고, 먹는 음식은 고객이 원하는 걸로 선택하자.

　음식은 무조건 맛있게 먹도록 하고, 계산은 반드시 내가 해야 한다. 미안해하는 고객을 위해 다음번에 사달라고 하면서 예의를 갖추며, 다음번 약속을 잡아라.

　친근하고 유쾌한 식사 시간이 이어진다면 다음번 약속에는 '관계'라는 반찬을 함께 맛볼 수 있을 것이다.

　기억하자.

　점심식사 시간은 영업의 황금시간이란 것을….

도시락

　사업을 하면서 만났던 잊지 못할 고객 얘기다.

　시골에서 올라온 20대 처녀, 혼자 자취하면서 회사를 다니는 걸로 알고 있었다.

　내가 영업하는 제품의 소개를 다섯 번도 더 얘기했다. 그녀의 반응은 늘 무관심이었다.

어느 날 나는 그녀를 만나러 그녀의 회사를 찾아갔고, 그녀는 점심에 빵과 우유를 먹으려고 했다.

갑자기 차 안에 있는 조그만 가방이 생각났다. 아침에 딸아이가 잊어버리고 학교에 안 가지고 간 도시락이었다. 난 그것을 그녀에게 주었다.

그녀는 아무 말 없이 도시락을 받았다.

그리고 한 달 후, 그녀와 그녀의 시골 어머니는 나의 고객이 되었다.

그녀가 받은 도시락은 한 끼 식사가 아니라, 관심이라는 삶의 배부름이었나 보다.

다섯 손가락

모든 일이나 사업을 처음 시작할 때에 고민과 생각이 많은 것은 당연한 일이다. 그렇다고 고민만 하다가 많은 걸 놓칠 수도 있다는 사실을 기억하자.

가슴이란 노트에 다섯 손가락을 하나씩 써보자.

엄지, 검지…. 하나씩 가슴에 써보자.

내가 이 일을 해야 할 이유 다섯 가지와 하지 말아야 할 이유 다섯
가지를….

그리고 선택해보라.

아마도 용돈 받던 어린 시절, 중국집에 가서 메뉴판을 들고 자장면
을 먹을지 짬뽕을 먹을지 고민하는 즐거움과 같을지도….

어차피 결정한 후엔 맛있는 식사와 포만감을 즐기던가, 아니면 과감
히 다른 식당으로 빨리 자리를 옮겨라.

엄마가 주신 용돈이라는 시간(?)이 없어지기 전에….

빠른 결정을 내려야 우린 배가 부를 듯싶다.

음식을 정하는 메뉴 결정이 빠를수록, 사업의 결정이 빠를수록 우리
는 많은 것을 아끼고 경험할 수 있다.

바쁘게 살아가는 인생이다.

고민은 신중하게 하되, 결정은 빨리 내리자.

선택에 대한 책임은 반드시 본인 자신이 지는 것임도 잊지 말자.

TIP

1. 스케줄을 정리하면 실수 없이 계획대로 일정을 움직일 수 있다.
2. 고객으로 하여금 전문가다운 느낌을 줄 수 있다.
3. 대화내용을 메모하면 고객 스스로가 미팅에 진지함을 느낄 수가 있다.

13시

매니저 1

항상 스케줄 노트를 작성하고 가지고 다녀야 한다.

미팅을 하거나 영업을 할 때도 스케줄과 대화 내용을 메모하고 관리하자.

어떤 분은 대화 내용을 핸드폰으로 녹음을 하기도 하는데, 이것은 상대방으로 하여금 불쾌감을 줄 수 있기 때문에 바람직하지 못하다.

내가 스스로 '스타' 라고 생각하자.

나를 관리하고 스케줄을 정리하는 습관은 사업을 능률적으로 할 수 있는 강력한 무기이다.

볼펜과 수첩을 들고 고객을 바라보는 우리의 눈빛, 어느 기자보다도 진지하리라.

나 자신의 매니저가 되자.

지금부터 나를 관리하고, 일정을 조절하고 정리하는 매니저임을 한 번 더 인식하자.

웃으면 복이 와요

나는 참 웃는 걸 좋아한다.

내가 한 번 웃으면 사람들이 다들 쳐다볼 만큼 호탕하게 웃는다.

우리 아들은 "엄마, 조금만 작게 웃어요"라고 귀띔도 해준다.

누가 그러던가. 복이 와야 웃는다? 아니다. 웃으면 복이 온다.

수년전, 우연한 기회에 TV 프로그램인 '가족오락관'에 출연해서 퀴즈를 낸 적이 있다. 그때 방송국 방청객 아르바이트를 하는 사람들은 한 시간 동안 그저 웃기만 하는 것을 보았다.

처음에는 그저 신기했는데 용기를 내어 물어 보았다.

"정말 웃겨서 웃는 거예요?"라고 물어보자, "아줌마도 웃어보세요.

기분이 좋아져요. 호호호호."

나도 모르게 미소를 지었다.

즐겁고 웃는 모습이어야 고객들도 마음을 연다.

오늘부터 우리는 우리의 사업 성공이란 프로그램에서 방청객이 되어 실컷 웃어주자.

호호 호호호.

내 머릿속의 지우개

영업을 하다보면 다양한 사람들을 만난다.

만남의 다양함 때문이라도 좋은 사람도 만나지만, 그렇지 않은 사람들도 만난다. 자존심을 상하게 하는 말이나 예의 없는 행동들을 하는 사람들도 자주 만난다. 그래서 우리는 상처라는 커다란 숙제도 매일 경험하게 된다.

그리고 영업의 결과가 하나도 나오지 않을 때도 아주 많다. 이러한 기억들을 한순간이라도 빨리 지우는 연습이 필요하다.

작년인가 좋은 기회로 방송을 경험해 보았다. 〈CTS-기독교TV〉에서 청소년 영재 프로그램이 기획되었고, 나는 처음으로 MC가 되어서 열흘 동안 유럽으로 촬영을 다녀왔다.

생전 처음 하는 방송, 그것도 MC는 나에게 많은 실수를 경험하게 하였다. 나는 부끄럽고 창피해서 방송이고 뭐고 하루빨리 한국으로 돌아가고 싶었다.

그때마다 담당 PD는 그 순간을 빨리 머릿속에서 편집해야 된다고 계속 인식을 시켜주었다.

대사가 틀리고 출연자들과 호흡이 안 맞아서 촬영이 중단될 때마다 나는 머릿속에서 빠르고 담대하게 편집을 하기 시작했다. 그리고는 용기를 내어 다시 촬영에 임하곤 했다.

영업을 할 때도 고객과의 만남이 다 내 맘대로 원하는 대로 이루어지지는 않는다. 영업의 목표도, 영업의 결과도 좌절이나 허무함이라는 결과를 얻을 때도 종종 있다.

이럴 때마다 가슴의 상처를 편집 하라.

이럴 때마다 머릿속을 지우개로 지우자.

그리고 다시 한 번 사업의 성공이라는 거대한 인생의 프로그램의 MC가 되어 다시 한 번 촬영에 임하자.

오늘도 하루에 수십 번, 수백 번 편집기와 지우개를 들고 성공의 촬영에 임하자.

우리는 우리 인생의 작가이자 연출가이며, 편집감독 그리고 주인공이자 MC임을 잊지 말자. 레디~~액션!

태양을 피하는 법(?)

무더운 여름이 되면 태양을 피하는 법이 두 가지 가 있다

집밖으로 나오지 않거나 집에서 나오면 양산이나 우산을 쓰는 방법으로 태양을 피한다.

무더운 여름, 우리는 태양을 만난다.

일을 열심히 하고 또 열심히 달리면 땀도 나고 숨도 차지만, 우리에겐 감당치 못할 태양처럼 뜨거운 삶의 어려움들이 비치곤 한다.

나도 뜨거운 태양이 내 삶에 비친 적이 있다.

피하고 싶다. 피하고 싶었다. 너무 뜨거워서 힘들었다.

일을 하다보면 얼굴이 빨갛게 붉어지는가?

땀이 너무 나서 창피한가?

태양을 피할 수 없다면 즐겨라. 즐기는 순간, 여름이 곧 지난다.

고객과의 만남에 있어서 보이는 시각적인 이미지가 매우 중요하다. 외모가 단정하다고 하더라도 안 좋은 습관이 있으면 영업의 점수는 빵점이 된다.

★ 평소 하지 말아야 할 안 좋은 습관들

1. 다리를 떨거나 꼬는 모습
2. 손톱을 깨물거나 머리를 쓸어 올리는 모습
3. 하품을 하거나 껌을 씹는 모습
4. 대화중에 팔짱을 끼거나 손으로 턱을 받치고 있는 모습
5. 차를 마실 때 소리를 내거나 음식을 급하게 먹는 모습

아무리 제품과 사업에 관한 설명을 한 시간 동안 잘했다 하더라도 의자 밑에서 다리를 계속 떨고 있다면 고객의 마음은 어떻겠는가. 신뢰성이 많이 떨어지거나 기분이 좋지 않을 것이다.

영업은 무대 위의 가수와도 같다. 노래도 잘해야 하지만 무대 매너도 중요하다는 걸 잊지 말자.

화려한 조명이 비춰지는 우리의 모습은 무척이나 예뻐야 한다.

장지갑

난 언제나 장지갑을 쓴다.

여러 가지 이유가 있겠지만 그중에서도 현금, 곧 돈이 구겨지는 게 싫다. 그리고 돈을 다른 데로 보낼 때, 곧 돈을 쓸 때 귀중하게 보내고 싶어서이다.

옛날 말에 돈은 돌고 돈다고 했다.

언젠가 TV에서 한 사람이 3년 전에 만 원짜리에 자기 이름과 주소를 기록했고, 그 돈을 시장에서 야채를 사면서 썼다. 그런데 어느 날 그 만 원짜리를 다시 손에 넣었다는 얘기를 들었다.

얼마나 많은 사연과 사람들을 거쳐서 다시 그 손에 돌아 왔을까…?

기쁘게 선물을 살 때도, 어렵게 등록금을 낼 때도, 가슴 아프게 가족의 병원비를 낼 때도 우리의 사는 인생에 모든 필요한 대가를 지불하며 돌아서 돌아서 먼 길을 왔으리라.

우리의 인생이 귀중한 것처럼 돈도 귀중하다.

난 돈을 절대로 구기거나 함부로 대하지 않는다.

인생을 살아가는 데 있어서 우리에게 필요한 것을 채워주고 도와주는 건전지 같은 존재감을 느끼기 때문이다. 돈 때문에 웃고 돈 때문에 울기도 한다.

절대로 돈을 구기거나 훼손하지 마라.

우리에게 많은 것들을 주는 돈에게 예우를 갖추는 것이, 성공한 부자들의 공통점이기도 하다.

좋은 직업 그리고 꿈

좋은 직업이란 무엇인가.

첫째, 돈이 벌려야 한다.

둘째, 재미가 있어야 한다.

셋째, 보람이 있어야 한다.

그렇다면 여러분은 꿈을 실현시킬 대책을 갖고 있는가?

꿈을 만들기 위한 5가지 과정은 목표와 과제, 방법, 시간, 마감일이다.

1. 목표 : 무엇을 성취할 것인가?

2. 과제 : 내가 어떻게 이룰 것인가?

3. 방법 : 그럼 나는 어떻게 할 것인가?

4. 시간 : 언제 할 것인가?

5. 마감일 : 언제까지 할 것인가?

이거다 싶으면…

내가 강의할 때 자주 쓰는 말,
"이거다 싶으면 저질러라."
"이거다 싶으면 저질러라."

저지르면 결과는 나온다.
결과도 보지 못하고 생각만 하면 살아있는 삶이 아니다.

배고프면 일단 수저를 들어라. 그 음식이 맛있든 맛이 없든 일단 배고픔을 면하자.
'이거다 싶으면…' 이란 고민과 결정은 신중하게 하고, 내 가슴이 허락하면 일단 신속히 저지르라는 것이다.
머뭇거리다간 수저를 든 팔에 힘이 빠져 내려놓고 만다.

우리 아버지 고스톱 치실 때 한참을 고민하시다가 흥분하면 자주 외치시는 말,
"못 먹어도 고(GO)!"
용감한 남자가 미인을 차지하듯이 용감한 사람이 성공을 차지한다.
나른한 오후가 시작된다.
두 팔을 걷고 한 판 저지르러 세상 밖으로 나가자.

사업이 잠시 힘들었을 때, 버스를 타고 대전으로 출퇴근을 했다. 버스표를 내고 타려는데, 어떤 사람이 "아주머니, 이 버스 대전 가는 버스 맞아요?" 하고 물었다.

"네, 맞아요!" 하며 대답을 하고 내 자신이 아주머니임에도 불구하고 아주머니란 말이 괜히 거슬렸다.

메모지를 꺼내 '아주머니'를 백 번 써보았다.
(아주머니, 아주머니, 아주머니….)
그러다 갑자기 재미있는 생각이 떠올랐다.
그래 '아주 머니(money)를 많이 벌자.' 하하하하.
뭐든지 생각하기 나름이구나. 하하하.

나는 아주 '많이 머니(돈)'를 벌기로 동기부여를 5분의 해프닝을 통해 받았다.
영업하는 아주머니들이여, '아주 머니'를 많이 벌어서 부모님께 효도합시다!!

정보

정보를 가까이하지 않는 사람은 식물인간이다.

없는 것 탓하지 말고, 있는 것 활용하자.

거지로 상류사회에 가겠다는 열정만 있다면, 우리 사업은 반드시 성공한다.

- 최선을 다하면 기회는 반드시 온다.
- 가버린 오늘은 다시 오지 않는다.
- 하루하루 최선을 다하는 것이 '성공' 으로 가는 지름길이다.
- 경쟁에서 이기려면 변화에 신속히 대처해야 한다.
- 알고 실천하는 용기를 가져라.
- 성공 열차를 타고 있는 사람들은 변화를 하고, 칭찬의 말을 잘한다.
- 생각이 많으면 하고자 하는 의욕이 생기지 않는다.
- 불평, 불만을 토로하기보다는 단순해져라.
- 누구를 탓하기 전에 내 중심이 되어서 일을 해라.
- '막연한 성공, 때가 되면 되겠지' 하는 기대감을 버려라(작은 목표가 모여서 큰 목표를 이룬다).
- 혼신의 힘을 다했을 때 뿌듯하다.
- 준비하는 자만이 밝은 미래가 있다.
- 단순하고, 순수하게 일을 해라.
- 명필은 붓을 탓하지 않는다.
- 훌륭한 사업가는 환경을 탓하지 않고, 환경을 만들어간다.
- 긍정적으로 생각해야 적극적인 힘이 생긴다.

14시

묘기 대행진

어릴 적 TV에서 방영했던 묘기 대행진이란 프로그램을 기억해 본다.

가장 기억에 남는 건 마술사 아저씨가 10개 이상의 접시를 막대기에 올려놓고서 접시를 돌리는 것이었다.

시간이 흐르면서 빠른 음악과 함께 떨어질 것 같은 접시를 끝에서 끝을 열심히 뛰어다니며 접시가 떨어지지 않게 계속 돌게 하는 묘기였다.

그리고는 그 아저씨는 큰 박수를 받는다.

나는 오늘 한 사업 파트너가 여러 가지 이유로 힘에 부쳐서 힘들어하는 걸 보았다.

많은 파트너들이 있기에 솔직히 그냥 모른 척하는 마음이 생겼었다.

가슴이 아파온다. 그 힘든 사업자가 TV에 나왔던, 떨어지려고 하는 접시라면 나는 어떻게 해야 하나? 가슴이 다시 뛰기 시작했다.

떨어뜨리지 말아야겠다고 나는 또 그 접시를 향해 뛰어간다. 그리고 그의 사연과 고통을 가슴으로 들었다. 그리고 위로하고 격려했다.

미래의 성공자들이여, 우리에게 주어진 접시들을 하나라도 떨어뜨리지 않게 뛰고 또 뛰자.

땀 흘리며 뛰고, 넘어져도 일어나서 또 뛰어간다면 우리는 마술사 아저씨처럼 큰 박수를 받고 있을 것이다.

우리의 영업 성공의 별명은 '묘기 대행진' 일지도 모른다.

일하다 지치면 조금 걸어라

영업을 하다보면 마음이 답답하거나 머리가 복잡할 때가 많다.

기계도 많이 사용하면 잠시 쉬게 하듯이 우리도 그럴 땐 잠시 일을 멈춰라. 그리고 신발을 갈아 신고 다시 걷기를 시도하자.

뇌 기능을 최상의 상태를 만드는 것이 바로 걷는 것이다.

1초에 2보의 속도로 30분 정도를 걸으면 좋다.

걷기를 하면 뇌에 베타 엔도르핀과 도파민이 분비된다. 게다가 사람의 몸에 안정된 컨디션을 제공해 준다.

일을 하다가 스트레스를 받는 순간이 오면 그 자리에서 일어나라. 그리고 걸어라.

사실 나도 참 많이 걸었다. 생각할 것도 많았고, 참을 것도 많았고, 걱정도 많았기에….

명함

고객을 만나면 인사를 나누고 명함을 건넨다.

명함은 사업의 이름표와 같다.

명함의 디자인과 독특함을 주는 것도 고객에게 특별한 느낌을 줄 수 있다.

1. 명함을 주고받을 때 명함을 주면서 반드시 자신을 소개하라.

2. 명함을 받을 때는 반드시 받은 명함을 30초 이상 쳐다보라. 대충 보고 나서 지갑이나 핸드백 속에 넣는 사람도 많다. 이것은 영업의 최악의 순간이다.

3. 앉아서 미팅할 경우에는 책상 위에 고객의 명함을 놓고 대화를 나눠라.

4. 명함을 보고 공통점을 찾아보자. 이름에 대한 화젯거리를 생각하거나 주소나 직업을 보고 친근감을 주길 노력하라. 고객의 명함에 대한 관심이 많을수록 첫 만남의 어색함이 짧아진다. 고객은 첫 만남, 첫 순간에 우리가 명함을 신경 써서 보는 것에 대해 자기에 대한 관심을 본능적으로 느끼게 된다.

명함을 주고받으며 고객에게 관심을 보이는 것이 영업의 시작임을 명심하자.

낮잠의 기술

오전 일을 바쁘게 보내고 점심식사 후 그리고 오후에는 몸이 나른해진다. 피곤하고 졸리기도 하다. 이럴 때는 시간을 조정해서 낮잠을 잠깐 자는 것도 영업인에게 도움이 되는 한 방법이다.

물론 너무 바쁜 스케줄 이 있을 때는 정신력으로 이겨내야 한다.

낮잠도 10분 정도 휴식 개념으로 자는 것이 바람직하다. 너무 자다 보면 몸이 무거워져서 오후 영업에 지장을 주기 때문이다.

낮잠은 오후 영업을 잘하기 위해 잠시 충전한다는 개념으로 인식하는 것이 중요하다.

1. 낮잠은 10분 이상 자는 것은 안 좋다.
2. 책상에 엎드려서 자거나 휴게실에 누워서 자는 것은 금물이다. 머리가 망가지거나 얼굴에 자국이 남는다.
3. 의자에 앉아서 살짝 잠을 청하는 것이 좋다.

같은 걸로 주세요

고객들을 만나면 식당이나 커피숍에서 만날 때가 많다.
고객들과 식사를 하거나 차를 한잔 할 때 지혜가 필요하다.
공감대 형성은 아주 작은 것에서부터 시작된다는 걸 잊지 말자.
식당에서 음식을 시킬 때 절대로 고객보다 먼저 음식의 메뉴를 주문하지 말라.

고객이 주문할 때까지 기다려라.

고객이 설렁탕을 시키면 같은 걸로 설렁탕을 시켜라.

고객이 아메리카노 커피를 시키면 같은 커피를 시키자.

그러면 함께 좋아하는 설렁탕과 아메리카노 커피에 관하여 잠시 대화를 할 것이다.

음식을 먹을 때는 절대로 영업 이야기나 사업 이야기를 하지 말자.

식당에서는 맛있게 음식을 먹고 건강에 관한 이야기를 나눠라. 그리고 계산할 때는 즐겁게 지불해라.

"오늘 맛있게 먹고 좋은 대화를 나눴으니 즐겁네요. 제가 감사해서 식사 사겠습니다."

즐겁고 행복한 시간 그리고 순수하고 겸손한 자세가 고객에게 정신적으로 배부름을 줄 수 있다. 또 한 번의 식사 약속은 자연스럽게 생겨나고, 당신은 한 번 더 영업을 할 수 있는 귀중한 시간을 예약 받는 것이다.

즐겁게 함께 같은 것을 먹고 마시는 것은 친구 만들기에 중요한 첫 번째 역할을 한다.

운명

살다보면 운명, 사주, 팔자 등 이런 말을 참 많이 쓴다.
관상을 보고, 인생을 판단하고, 손금을 보며 삶의 운명을 예측한다.

언젠가 이런 말을 들었다.
운명은 손금에서 결정되는 것이 아니라, 운명은 손금을 바라보는 자신에 눈 속에 있다.
그렇다. 운명은 우리가 만들어 나가는 것이다.
하얀 도화지에 그림을 그리고 또 그리며 오늘도 색연필을 깎자. 색연필에는 여러 가지 색깔이 있으리라. 노란색, 초록색, 빨간색…. 우리의 인생은 여러 가지 색깔을 경험한다.
그리자. 우리 운명의 색깔은 우리가 그리는 거다.

거울

고객과 대화를 나눌 때 고객의 눈을 쳐다봐야 되는 것은 영업의 기본이다.
야단을 맞는 경우에는 고개를 숙이겠지만 일반적인 인간관계에서는 시선이 상대의 얼굴과 눈을 향해야 한다.

고객과 같은 마음과 생각의 공통점의 느낌을 전달하라.

그렇다면 고객의 마음이 열린다.

고객의 마음에서 같은 표정과 표현을 통해 나타나는 것이 밀러링(Mirroring) 효과이다.

박규리의 거울의 법칙 4가지.

고객이 기뻐하면 같이 기뻐하고 박수를 치고,

고객이 슬퍼하면 더 슬퍼하고 손수건을 건네자.

고객이 화가 나면 함께 화를 내고 안정을 주며,

고객이 외로우면 함께 시간을 보내고 친구가 되어주자.

커뮤니케이션(Communication)이란 말을 들어 보았는가? 서로간의 교통을 뜻한다.

C2의 법칙을 아는가? 돈을 벌고 싶은가? 그럼 교통하라….

캐시(Cash)를 만나려면 커뮤니케이션이란 문신을 가슴에 새겨라.

세상이 그대를 속일지라도

눈이 나쁘면 콘택트렌즈를 낀다.

렌즈를 오래 끼면 눈이 아파서 세정액을 눈에 넣는다.

우리의 눈은 많은 것을 보는 것을 통해 세상을 경험한다. 아름답고 행복한 것들도 보지만, 슬프고 괴로운 일들도 보고 만나며 산다.

어쩔 땐 사람들이 나를 배신하고 친구가 등을 돌린다. 믿음과 사랑이 나를 버리고 우정도 도망치듯 떠난다.

어느 날은 행운이 멀리 도망간 듯 무기력한 날들의 연속이다. 다 내가 부족하고 또 부족해서 그렇다고 생각한다.

이럴 땐 울어 버리자. 사람들 앞에서는 아니더라도 혼자 있을 때 소리 내서 펑펑 울어라.

자신을 사랑하는 눈물이야말로 우리의 눈을 깨끗하게 하리라.

영업을 하다보면 사람들과의 만남과 관계 속에서 속상한 일들이 많이 일어난다. 자존심도 상하고, 서럽고 외로울 때도 많다. 그런 날은 그냥 울어 버려라.

다른 사람들은 울음을 참고 이겨내라고 말들 하지만, 내 생각엔 울고 싶을 때는 울어야 한다고 생각한다.

나도 오늘은 울고 싶다.

크리스마스, 오늘 같이 좋은 날 세상이 나를 속이는 것 같아 힘들다. 아니 괴롭다.

그러나 울고 난 다음 렌즈가 닦여서 눈이 맑아지듯이 내일 아침엔 내 눈과 마음이 밝아 질 것이고, 나는 강의 자료를 한가득 안고 집을 나설 것이다.

이 땅에서 영업하는 많은 동료들이여, 당신들을 존경한다. 사랑한다.

열심히 세상과 맞장 뜨는 우리들이야말로 세상의 진정한 영웅(Hero)이다.

우리는 영웅(Hero)이다.

6개월 올인

에스랜드를 만나고 사업에 확신을 가졌다.

6개월 동안, 정말 6개월 동안 '올인' 했다. 잠자는 것도, 밥 먹는 것도, 화장실 가는 것까지도 시간을 아끼며 집중했다.

대학 동창 중에 6개월 방위 갔던 친구가 나라를 지키고 돌아왔다고 허풍떨던 모습이 기억난다.

6개월 동안 사업에 집중했고, 난 지금 우리 가족을 지킬 수 있는 사단장이 되었다.

우린 언제나 전쟁을 치르며 산다. 장교이건 병사이건 전쟁의 목적은 승리이다. 승리를 포기하면 실패라는 전쟁의 결과는 죽음을 의미한다.

전쟁의 참의미는 적을 죽이는 것보다 우리 편의 생명을 지키는 것이다.

많은 사람들이 '영업은 곧 전쟁'이라고 표현들을 한다.

정말 그런가…. 그렇다면 자신과 가족들을 죽일 수는 없는 일이다. 혹독한 전쟁을 치르자. 최선의 전쟁을 치르자.

수많은 사람들이 나에게 질문들을 한다.

"어떻게 성공하셨냐?…"고.

다들 한 가지 질문만 한다.

내가 한 가지 깨달은 건 질문하는 사람이 이미 답을 정확히 잘 알고 있다는 사실이다.

알면서 모르는 건,

알면서 모르는 건….

미친년

어떤 일이든 성공하는 사람들은 자기 일에 미친 사람들인 것 같다.

내가 어릴 적 청주에도 동네에 미친 여자가 있었다. 사람들이 그 여자를 '미친년'이라고 부르곤 했다.

미친 여자들의 특징은

1. 창피한 줄을 모른다.

2. 남녀노소 누구나 친구다.

3. 항상 웃는다.

4. 머리에 항상 꽃을 꽂는다.

5. 가끔 하늘을 한참동안 멍하게 본다.

경제적으로 집이 어려워지고, 나는 일에 미치고 싶었다. 일에 미쳐서 미친년이란 소리를 들을 만큼 일을 하고 싶었다.

1. 사업을 시작하고, 제품을 전달하고, 사업을 소개할 때 창피하다는 건 내 삶의 사치였다.

2. 사업을 하며 많은 사람을 만났고, 가슴을 열고 친구가 되었고, 거절도 즐겼다.

3. 항상 크게 웃고 미소를 지었다. 자신감 있게 크게 웃었고, 누가

무슨 말을 해도 상관없었다. 난 일에 미친년이니까.

4. 항상 외모와 의상을 화려하게 했다. 어두운 세상, 총천연색 내 삶으로 성공을 미리 연출하고 싶었다.

5. 자주 하늘을 바라보았다. "하나님, 성공하게 도와주세요." 나는 그렇게 미친년처럼 울고 웃고 걷고 뛰었다.

내가 이렇게 일에 미쳐서 열심히 살았고, 우리 가족들은 행복이라는 소파 위에서 편히 쉬게 되었다.

요즘 TV에서 "미쳤어~. 미쳤어~"라고 하는 노래가 자주 나온다. 이 노래가 나올 때마다 살짝 미소를 짓게 된다.

오늘도 다짐한다.

우리 가족의 행복은 그 무엇과도 바꾸지 않겠다는 게 박규리 '미친년'의 삶의 고집이기도 하다.

자신감

변화란 내 마음만 먹으면 된다.

변화하자. 내가 진정한 프로라면 결과로 보여주는 수밖에 없다.

철저한 하루의 계획을 세우자. '나는 꼭 해내고야 말겠다. 하겠다'
라는 신념을 항상 마음속에 새기자.

내 마음의 열 정도를 항상 유지하자(끈기).

사업은 배우는 것이다. 기본기부터 여러 사람들에게 배우자.

마음의 변덕을 절대 부리지 말자.

일을 사랑하고, 일에 목표를 두고 일을 해라.

능력은 노력이다.

의욕과 노력만이 능력을 키워나간다.

나의 집중력만이 기적을 만들어 낼 수 있다.

내 스스로 노력하고, 최선의 결과를 만들자.

성공에 대한 지속적인 관심, 나는 할 수 있다는 자신감.

영업인들이여, 자신감을 가져라.

15시

애경사

사람이 일생을 살면서 기억에 남는 것이라면 가장 슬플 때와 가장 기쁠 때이다.

사업을 하다보면 애경사를 챙기는 것만큼 중요한 일이 없다.

평상시에 만나는 것도 중요하지만 사업 파트너들이나 고객들이 기쁜 일과 슬픈 일을 당했을 때 찾아가는 것이 매우 중요하다.

그리고 손을 내밀고 기쁨과 슬픔을 함께하자.

함께 웃고 함께 울어라.

내 차의 트렁크 박스 안에는 각종 애경사에 쓰이는 봉투가 수십 장이 있다.

우리의 만남은 비즈니스가 아니라 친구, 친구가 되어야 한다.

서울대

많은 사람들이 성공을 하기 위해서 직업과 사업을 고민하고 결정한다.

사업의 정보를 위해 세미나도 참석하고, 회사도 방문해보고, 간접적으로 사업을 경험해 보기도 한다.

사업의 정보를 듣고 집에 돌아가서 주위 사람들에게 사업성을 상의한다. 주위 사람들은 가보지도 않고, 만져보지도 않고, 자기 경험에만 비춰보며 대략 사기꾼이니, 잘못된 상품이니 거의 다 부정적으로 대답하기 일쑤다.

나는 강의 때마다 늘 이런 예를 든다.

서울대를 가고 싶은 고 3 수험생이 서울대 운동장을 미리 가보았다.

도서관에서 공부하는 대학생들, 교내에서 활동하는 대학생들. 그들의 미소와 생활을 지켜보고 집에 왔다.

그리고 고 3 수험생은 동네에 전문대를 다니는 선배들에게 서울대 얘기를 물어본다.

거의 모두 다 서울대가 어쩌고저쩌고…. 말만 무성하다. 어떤 선배는 그 대학은 나쁘다고도 얘기한다.

서울대 가고 싶으면 열심히 공부해서 입학한 서울대 학생에게 방법을 물어 보라.

사업을 성공하고 싶으면 각자 그 사업에서 성공한 리더의 말만 들어라.

사업과 상관없는 주위 사람의 경험하지 못한 이야기들을 듣지 마라. 오직 성공자의 경험과 노력과 방법만 듣고 마음에 담아라. 그리고 그들과 똑같이 노력하고 땀을 흘려라.

그럼 반드시 성공한다.

바람 바람 바람

일을 하다보면 고객과의 약속이 갑자기 없어지는 경우가 종종 있다.

고객의 마음이 변하거나 일이 생겨서 약속이 없어진다.

약속이 없어져서 시간이 남게 되면 대부분 휴식을 취하거나 멍하니

시간을 허비하는 경우를 종종 볼 수 있다.

　시간은 곧 돈이다.

　먼저 약속이 취소된 고객에게 전화나 문자로 사업과 관계없이 인간적인 배려와 예의를 갖춰라. 일이 생긴 것에 대한 유감과 만나지 못한 것에 아쉬움을 반드시 표현하라. 그리고 다음 만남의 기회를 기대하는 마음을 보여 주자. 그렇다고 절대로 기분이 상하거나 짜증난 표현을 하지 말아야 한다.

　고객은 영업의 대상이기 이전에 영업의 자산이기 때문이다.

아름다운 기적

이스라엘 민족은 유태인이라고도 불린다.

그들은 전 세계의 자본을 움직이는 막강한 힘을 가진 민족이기도 하다.

이스라엘 왕 중에 다윗이라는 유명한 왕이 있다. 다윗은 이스라엘 민족을 지키기 위해 젊은 시절 블레셋이란 거대하고 막강한 부족과 전쟁을 하기 위해 나선다. 블레셋에는 골리앗이란 힘센 장수가 있었고, 아무도 그를 이길 수 없었다.

다윗은 돌팔매질을 아주 잘하는 젊은이였다. 그는 긍정적인 생각을 했고, 전쟁에서 이길 수 있게 해달라고 믿음으로 하나님께 기도했다. 그리고는 다윗은 돌팔매질로 골리앗을 쓰러뜨리고 말았다.

이스라엘은 전쟁에서 승리한다. 그리고 다윗은 왕이 되는 축복과 명예를 얻는다.

다윗의 기적과 불가능을 현실로 이룬 이 얘기는 많은 사람들이 꿈을 이룬 아름다운 기적으로 알고 있다. 물론 우리도 다윗처럼 긍정적으로 꿈을 꾸고 기도를 해야 한다.

그러나 중요한 사실 하나를 기억해야 한다.

다윗이 돌팔매질로 이스라엘을 구한 이 아름다운 기적은 갑자기 온 행운이 아니라, 엄청난 훈련과 노력의 결과였다는 사실을 알아야 한다.

다윗은 자기 집의 가축들을 지키기 위해 어릴 적부터 돌팔매질을 했다. 가축들을 향해 공격하는 맹수들에게 어린 다윗은 수백 번, 수천 번 돌팔매를 던졌다. 엄청난 훈련과 노력이 아름다운 기적을 만든 것이다.

다윗은 한 번의 돌팔매질로 왕이 되는 축복을 얻은 게 결코 아니란 점이다.

우리는 늘 성공을 꿈꾼다. 그리고 아름다운 기적을 원한다.

그러나 성공은 '한방'이나 갑자기 오는 것이 아니다. 다윗이 한 것처럼 오랜 시간 동안의 노력과 연습 그리고 고난과 훈련에 대해 어떻게 생각하는가….

박규리도 부족하지만 감히 성공을 했다고 한다면 다윗 왕처럼 많은 고난과 힘든 삶의 이야기들이 있었으리라….

지금 사업의 성공을 꿈꾸는 이들이여, 지금 어렵게 돌팔매질을 하는 것도 감사하자.

우리에게 다가오는 어려운 현실들을 하나씩 하나씩 이겨내 보자.

우리도 아름다운 기적을 다윗처럼 만날 날이 다가오고 있음을 미리 감사해 보자.

5분

영업을 하면서 고객들을 만나면 외모로 그 사람을 판단하곤 한다.

얼굴의 느낌과 무엇을 입었는지, 무엇을 신었는지, 핸드백은 어떻고, 자동차는 어떻고 등 사람 눈으로 보이는 것을 보고 빠르게 판단들을 해버린다. 영업을 하는 데 있어서 하지 말아야 할 것 중 하나다.

그 사람에 대해 5분도 안 돼서 모든 걸 판단해버리는 외모 중심주의 습관을 버릴 때 우리는 성공할 수 있다.

절대로 사람을 외모와 환경을 보고 빠르게 판단하지 마라.

사람을 만날 때는 항상 그 사람에 대한 긍정의 상상을 해보라. 이 사람이 가지고 있는 무한한 가능성과 잠재력 그리고 펼쳐질 나와의 인간관계를 긍정적으로 생각해라.

언젠가 어느 모임에 계획 없던 식사모임에 참석하게 되었다.

운동을 하다말고 갑자기 참석을 해야 되는 상황이 되어서 어쩔 수 없이 나는 평범한 청바지와 티셔츠 그리고 화장 안한 상태로 갑자기 집에서 나온 아줌마로 그 자리에 임했다.

사람들은 나에게 시선을 주지 않았고, 관심도 주지 않는다.

친구가 나를 소개해도 한번 인사하고 쳐다보고 만다.

5분 정도가 지났나 보다. 기분이 상했다. 나를 데리고 간 친구는 당황한 표정이 역력했다.

40명 정도 모인 아줌마들의 수다들이 내 귀에는 잡음으로 들렸다.

모임이 끝날 쯤 나는 벌떡 일어서서 인사를 했다.

"예고 없이 이렇게 참석하게 돼서 죄송했습니다. 친구 덕분에 반가 웠습니다. 오늘은 처음 참석한 제가 식사를 대접하겠습니다."

백만 원이 넘는 식대를 지불하고 그 자리를 나왔다.

나중에 친구를 통해 내 직업과 얘기를 듣고 그 모임의 총무로부터 정회원으로 들어오라는 전화가 수십 통 걸려왔다.

식대를 지불하며 돌아오는 길에 한 가지를 배운 것을 고백한다.

'사람을 처음 보는 환경으로 평가하지 말자' 라는 것을.

지금 고객을 만나러 나가야 되는가?

그 고객이 무슨 옷을 입고, 타고 다니는 자동차가 무엇인지 신경 쓰지 마라.

우리는 언제나 귀한 사람을 만나는 마음으로 모든 사람들을 만나자.

'TOP' 이 되고 싶은가?

나는 어릴 적부터 패션에 관심이 많았다.

바느질하는 것을 좋아했고, 옷을 수선하고 만드는 것을 좋아했다.

지금도 내가 입는 옷은 새벽시장 동대문에서 사온다.

그리고 밤을 새서라도 옷을 내 마음대로 고치고 또 고친다. 그리고 세상에서 하나밖에 없는 옷을 만들어버린다.

박규리는 패션 디자이너이다…. 호호호.

너무 내 자랑만 했나 보다.

패션업계 에서는 'TOP' 가 기본 사업 상식이다.

T(Time) 시간, O(Occasion) 경우, P(Place) 장소에 따라서 어울리는 의상이 결정된다.

영업의 기술도 마찬가지이다.

만나는 사람이 어떤 계층인가? 모임 장소는 어디인가? 인원은 몇 명인가? 모임 취지는 무엇인가? 등에 따라 의상과 영업의 방법이 결정된다.

장례식장에 밝은 옷을 입고 즐거운 메시지를 전하는 A라는 사람과 검정 옷을 입고 절제 속의 따뜻한 메시지를 전하는 B라는 사람.

고객의 아들이 군대에 입대했는데 뉴스를 보며 "전쟁날 것 같다"고 호들갑 떠는 A와 같은 상황인데도 고객이 불안하지 않게 평안함을 주는 B가 있다.

무조건적인 나의 홍보와 펼쳐지는 인맥 형성이 성공의 도움을 주지는 못한다.

모임의 성격과 사람, 장소에 따라 생각과 훈련을 통해 나의 존재감을 알리고 인간관계를 시작하자.

영업의 TOP이 되고 싶은가?

TOP처럼 행동하라.

최고가 되기 위해서는 최선을 다해야 하는 훈련이 있다는 걸 명심하자. 훈련하고, 학습하고, 노력하자.

우리는 TOP이다.

집배원

어느 날 사업 파트너가 성공 사례를 발표했다.

발표가 끝난 후 나에게 다가와서 고백을 한다.

내가 처음 영업을 권하고 사업의 비전을 제시했을 때 내 모습이 집배원 같았다고 했다.

집배원이라…. 편지 소식을 전해주는 감사한 분인데….

3분이 지나서야 그 뜻을 이해했다.

기분이 묘했다. 마음도 뜨거워지고 나는 또 하나 재미있는 사실을 발견했다.

내가 제일 좋아 하는 노래는 조영남의 '제비' 이다. 집배원 가슴엔 늘 제비가 상징적으로 있다.

비가 오나 눈이 오나 소식을 전하는 우체부….

우리들의 모습이기도 하다.

전하고 싶다. 사람들이 행복해질 수 있도록.

구두(句讀), 구두(Shoes) 그리고 구두쇠…

영업으로 성공을 하려면 구두의 법칙 세 가지를 지켜라.

첫 번째 영업은 구두(句讀), 곧 말의 중요성이다.

대화의 기술은 영업의 기술이다.

따뜻한 말, 자신 있는 말, 겸손한 말….

말을 화려하게 하는 것보다는 진실과 겸손 그리고 자신감 있는 말의 힘을 믿어라.

절대로 부정적인 말이나 남을 비방하는 말, 거짓말 등은 성공과는 거리가 아주 먼 것임을 기억하라.

두 번째 영업은 구두(Shoes)의 활동이다.

얼마나 많은 사람을 만나고 얼마큼 걷고 뛰느냐가 성공을 가름한다.

박규리도 개인적으로 구두를 고르는 일에 신중을 기한다. 디자인도 중요하지만 걸을 때 편한 구두를 고른다.

발품은 거짓말을 하지 않는다.

전국을 그리고 지구촌을 걷고 뛰자.

우리는 성공을 위한 마라톤을 즐겨야 한다.

세 번째는 구두쇠의 삶이다.

돈을 아껴 쓰고 저축의 습관을 키워야 한다.

열심히 일하고 그 열매를 귀중하고 소중하게 여겨라.

나도 이 부분은 잘 지키지 못할 때가 많다.

그러나 노력중이다. 박규리도 구두쇠가 되리라.

물론 반드시 써야 되는 일에는 남들보다 몇 배로 값어치 있게 나눌 것이다.

구두(句讀), 구두(Shoes) 그리고 구두쇠….

오늘부터 한번 해보자….

누구를 만나고 있는가

지금 우리 곁에 누구랑 함께 있는지 생각해 보라.

무리의 법칙처럼 만나는 사람의 문화, 수준, 직업에 따라 주위의 인생이 달라진다.

1. 친구를 보면 그 사람의 인간성을 알 수 있다.

2. 자식을 보면 부모님을 알 수 있다.

3. 만나는 사람들을 보면 상대방의 수준을 알 수 있다.

우리는 우리의 발전을 위해 정말 인격적이고 배울 점이 많은 사람들을 친구로 삼아야 한다.

〈만나서는 안될 사람〉

1. 부정적인 말을 하는 사람

2. 불성실하고 거짓말을 잘하는 사람

3. 이기적이고 기회주의적인 사람

〈꼭 만나야 할 사람〉

1. 긍정적인 말을 하는 사람

2. 성실하고 솔직한 사람

3. 배려심 많고 인격적인 사람

성공이란?

성공(成功, Success)은 사전상으로 '목적하는 바(뜻)를 이룸' 또는 '뜻한 것이 이루어짐'의 뜻과 '부(富)나 사회적 지위를 얻음'의 '출세'와 같은 의미로 쓰인다. 공(功)은 '무공을 세우다' 할 때의 공로의 의미와 '공들여 키운 자식' 할 때의 노력을 의미한다. 성(成)은 '이루다' 의 의미이다.

　성공을 영어로 하면 대체로 Success이고, 어릴 적 박규리가 원했었던 '출세' 라고 하면 Success in life라고 표현된다. Success의 의미는 하고자 했던 것의 달성 또는 어떤 일이 원한 대로 되는 것을 의미한다.

Success is the achievement of something that you have been trying to do.

Success is the achievement of a high position in a particular field, for example in business or politics.
The success of something is the fact that it works in a satisfactory way or has the result that is intended.

— Collins COBUILD

　지구상의 성공의 의미는 같은 의미로 사용된다. 이러한 성공에는 몇 가지 조건이 있다.

　첫 번째는 '반드시 원하는 것' 이어야 한다는 것이다. 원하는 것이 있는 상태에서 그것을 얻었을 때 성공이라고 할 수 있지, 원하지도 않는 것을 얻었다고 성공이라 할 수는 없다. 아프리카의 사자가 먹잇감을 간절히 찾듯 수험생이 원하는 대학을 가기 위해 모든 걸 포기하고 밤새 공부하듯 사람들은 무언가를 원하기 때문에 공(功)을 들이는 것이고, 부(富)나 사회적 성공은 사람들이 원하는 것이다. 성공에 대해 사람마다 판단하는 기준 또는 가치관이 다른 이유는 이 '원하는 것'이 다르기 때문이다. 박규리는 원하는 것이 분명했다.

박규리의 성공의 의미는 가족들의 행복이었다. 그들의 풍요로운 행복과 삶의 질적 행복이었다.

성공하고 싶은가? 그럼 지금 당장 가슴에 원하는 것을 깊이 새겨라. 그리고 간절히 원하고 또 원하라.

두 번째는 '노력'이라는 과정이 반드시 필요하다는 것이다. 성공(成功)은 '(뜻하는 것을) 공(功)들여 이루는 것'으로, 노력이 가미되지 않고 이루어 낸 것을 성공이라 하지는 않는다.

'국민 요정'이라 불리는 김연아 선수. 이 어린 친구도 5분도 안 되는 멋진 공연을 보여주기 위해 하루에 수백 번 엉덩방아를 감수한다.

성공한 사람들의 공통점은, 그들은 노력하는 순수한 개미들이었다는 사실이다. 박규리도 개미가 되고 싶었다. 개미처럼 누가 알아주지 않아도 열심히 달리고 또 달렸다. 성공하고 싶은가? 오늘부터 최선을 다해 노력하라. 그리고 개미처럼 일하라. 식탁에 올라오는 밥 한 그릇이 만들어지기 위해 일 년 동안 애쓴 농부의 노력과 인내를 생각해보라.

이 순간부터 우리는 노력하는 개미가 되자.

If you achieve a particular aim or effect, you succeed in
doing it or causing it to happen, usually after a lot of effort.

— Collins COBUILD

성공이란 간절히 원하고 최선을 다해 노력하는 것이다.
이 순간부터 성공이라는 인생의 혁명을 일으켜보자.
바로 지금 시작하라!

텐트와 아파트

생각하는 시간과 행동하는 시간의 차이를 아는가?
생각하는 시간이 많은 사람은 생각의 부자이고, 행동하는 시간이 많
은 사람은 현실의 부자란다.
백사장에서 생각만 많이 하면 눈을 뜨고도 텐트 하나 치기 어렵다.
생각을 바로 행동으로 옮기면 작은 아파트라도 지을 수 있는 법.

영업인들이여, 행동하는 시간을 두 배로 늘려라.

삶의 행복과 통장의 금액도 두 배가 되리라.
성공은, 행동하는 삶에게는 너무나도 관대하다.
지나치게 생각만 하는 삶에게는, 성공이 멀리 도망가리라.

지금부터 일어나서 걷고, 뛰고, 땀 흘리라.
얼마 후 당신에게는 성공이란 축복의 문신이 인생에 깊이 새겨지
리라.

여고생의 편지

고등학교 때 우리 집은 식당을 했다.
기억에 도시락 반찬 걱정은 안 했던 것 같다.

어느 날, 무슨 문제가 생겨 식당 문을 닫아야 했다.
아마도 행정적인 문제로 영업을 못하게 시청에서 조치를 취한 모양
이었다.
어린 눈으로 부모님들이 걱정하고 한숨 쉬는 걸 바라보는 게 너무
힘들었다. 어떡하면 부모님을 도울 수 있을까. 정말 많은 고민을 했다.

어느 날, 무작정 편지를 썼다.

우리 집 사정을 상세하게 써내려갔다.

당장 식당 영업을 안 하면 안 되는 이유들…. 그리고 가족들이 절망적인 상황이라 너무 힘들다고….

도와주시면 은혜 잊지 않겠다며 눈물로 편지를 썼고, 여고생이 쓴 편지를 받을 수신자는 청주시장님이셨다.

지성이면 감천이라던가. 우리 가족은 며칠 뒤 기적을 체험할 수 있었다.

시장님은 여고생의 눈물의 편지를 읽으시고 난 후, 행정적인 오류를 직접 확인하시고 식당영업을 해도 된다고 지시하셨다.

어려운 상황에 당돌하게 시장님께 편지를 쓴 여고생은 가족들을 너무 사랑했나보다.

그 후론 글을 쓰는 것, 일기를 쓰는 것, 메모를 하는 것이 행복하고 아름답게 느껴졌다.

오늘은 여고시절 사진을 꺼내 보았다.

사진을 가슴에 안고 잠이 들고 싶다.

고마웠습니다. 고마웠습니다.

성공은 돈 빌리는 것보다 쉽다

성공한 사람들의 공통점은 좋은 습관을 가졌기 때문이다.

좋은 습관을 가져라.

좋은 습관이 성공을 가져다준다.

돈을 자주 빌리면 나쁜 습관이 되지만, 좋은 습관을 가지면 돈을 벌 수 있다.

좋은 습관이 무엇인가는 본인 자신이 너무나 잘 알고 있다.

자신에게 엄하게 대하라.

지나칠 정도로 좋은 습관의 노예가 돼라.

★ 좋은 습관 4가지

① 긍정의 말의 습관 → 무조건 긍정적으로 생각하고 말하고 행동하라.

② 미루지 않는 습관 → 하루의 계획한 일은 반드시 행동하라.

③ 자기계발의 습관 → 철저하게 자신을 괴롭히고 발전하는 일에 투자하라.

④ 약속을 지키는 습관 → 작은 약속도 귀중하게 반드시 지키도록 노력하라.

16시

범사에 감사함으로

Always express your thanks.

어느 날, 사업자 한 분에게 영업실적을 얘기하면서 노력하지 않음을 책망한 적이 있다.

그런데 그분은 웃으며 감사하다고 몇 번을 이야기 하는 게 아닌가.

왜 감사하냐고 물어봤더니 제 인생을 잘되게 하려고 에너지를 주시는 게 아니냐면서 감사하다고 계속 말하는 것이 아닌가.

그분은, 사업 속도는 느렸지만 매사에 늘 감사하다고, 고맙다고 표

현을 했다

그리고 거북이처럼 성실하게 노력하고 또 노력했다.

감사하다고 말한 말의 힘이 정말 감사한 현실로 돌아올 거라는 걸
나는 예감했다.

시간이 지나고 나는 그분이 성공하는 모습을 현실에서 보고 말았다.

그분이 공식석상에서 첫 번째로 고백하는 말은 역시 '감사합니다'
였다.

어떤 현실을 맞더라도 우리는 감사함을 잊지 말아야 한다.

아이들이 속을 썩이더라도 아이들에게 감사해 보자.

마음이 아프고 속상한 일이 있더라도 감사해 보자.

계속 감사하면 감사한 일이 계속 생기리라.

감사합니다. 감사합니다.

아버지와 신용카드

우리 아버지는 미남이시다. 얼굴이 잘 생기시기도 했지만 성격도 남
자답고 풍채가 너무 멋있다.

이런 아버지가 노년의 친구들을 만날 때면 더 멋있어지신다.

그 이유는 얼마 전 용돈 쓰시라고 신용카드를 드렸다.

친구들 만날 때나 노인정 가서서 식사를 하시면 이유를 막론하고 계산을 하시라고 했다. 처음에는 잘 못하시다가 계속 말씀 드리니까 계산을 하신다.

아버지가 카드를 쓸 때마다 내 핸드폰에는 승인 내용이 뜬다.

그럴 때마다 나는 아버지에게 문자를 보낸다.

[축하축하! 아버지 돈 많이 쓰세요.^^]

아버지는 친구들을 만나면 딸 자랑하느라고 늙는 걸 잊어버리신다고 하시면서 미소를 지으신다.

나를 키우시면서 분명히 돈 때문에 고통 받으셨을 테고, 친구들이나 친척들에게도 아쉬운 소리로 부탁을 하시며 삶을 보냈으리라.

'아버지 감사합니다. 아버지 죄송합니다. 제가 열심히 일하는 이유는 아버지의 미소를 계속 보고 싶기 때문입니다. 아버지 사랑합니다. 아버지의 미소도 사랑합니다.'

간식의 의미

회사에서 오후에 아주 가끔은 간식을 즐겨라.

간식의 의미는 출출한 배를 채우는 이유도 있지만 일을 떠난 잠깐의 휴식이기도 하고, 협동심을 주기도 한다.

사다리를 타도 좋고, 제비뽑기를 해도 좋다.

중요한 건 떡볶이나 순대를 책상 가운데 놓고 수십 명이 동그랗게 원을 그리고 한두 가지 음식을 향해 서있는 모습 자체도 보기 좋을 터.

서로 입에 넣어주고 한바탕 난리를 치고 나면 우리는 또 하나의 모습을 발견하기도 한다.

나른한 오후에 20분 정도는 웃을 수 있다.

사과의 맛

현대인들은 잘난 척하는 사람보다 자기 잘못이나 실수를 바로 시인하고 인정하는 사람을 더 좋아한다는 통계를 본 적이 있다.

정치인이나 연예인들도 TV에 나와서 본인의 실수를 바로 인정하면 동정표를 던지는 대중들이 바로 우리들이다.

사람들과의 인간관계에서 실수나 본의 아니게 잘못을 하는 경우는 자주 있다.

이럴 때는 바로 사과를 통해 잘못을 인정하라.

칭찬은 빠르고 크게 이야기해야 하고, 사과는 더 빠르고 정중히 해야 한다.

사과를 하는 습관을 키우면 사람들이 나를 인간적으로 좋아한다는 열매를 얻을 것이다. 우리라는 사과나무를 통해서 말이다.

문제를 만나다

살다보면 삶의 문제들을 만나곤 한다.

문제는 부정적인 이유를 낳고, 부정적인 이유가 자라면 포기를 낳고, 절망을 낳는다.

어떠한 문제를 만나도 당황하지 마라.

박규리도 살면서 수많은 문제를 만나봤다.

앞으로 살면서도 여러 번 적지 않은 문제들을 만나리라.

내가 감동했던 문제를 해결하는 명언 몇 개를 소개한다.

1. 당신이 해결할 수 없는 문제는 결코 일어나지 않는다.

2. 피할 수 없으면 즐겨라.

3. 하나님은 감당할 시험을 주신다.

4. 문제를 만났는가? 축하한다. 당신은 곧 답을 만나게 될 것이다….

5. 약을 안 먹고 감기가 나았는가? 면역력이 향상되었음을 인정하라. 지금 당신이 만난 문제도 감기이다. 인생의 면역력을 키울 기회가 오고 말았다.

당신에게는 '승자 유전자(Winers Gene)'가 흐르고 있다.
당신은 문제를 이겨낼 수 있는 경험 있는 승리자임을 확신하라.

세종대왕

에스랜드 서형자 OS가 항상 내게 얘기한다.
만 원짜리 세종대왕은 눈을 뜨고 있다고.

대충 일하고 가지려면 세종대왕한테 혼날 뿐더러 오지도 않고, 와도
금방 다른 지갑으로 간단다.
라면도 대충 끓이면 맛이 없더란다.

오케이! 내 인생에 대충은 없다.
무조건 최선만 다하자.
대왕님, 안녕히 주무셔요.

오늘은 나도 눈을 뜨고 자야겠다.

17시

아줌마의 힘

요즘 TV를 보면 한국 가요계는 아이돌 그룹의 인기가 한창이다. 특히 걸그룹을 보면 예쁘고, 노래도 잘하고, 춤도 잘 춘다.

그들을 보면 나이 먹은 내 얼굴을 가끔 거울에 비쳐보곤 한다. 솔직히 부럽기도 하고 옛날이 그립기도 하다.

오늘은 어느 연세가 지긋하신 남성 고객이 나에게 작은 고백을 한다.

"사장님, 어떻게 여자의 몸으로 이렇게 영업도 잘하시고 사업을 성공시킬 수가 있어요?"

나도 모르게 말했다.

"아줌마의 힘 모르세요? 이제 아줌마의 시대라니까요…."

이렇게 얘기하고 나니 아줌마의 시대라는 단어가 귀에 맴돈다.

그렇다. 나는 아줌마였다. 그러나 평범한 아줌마가 아니고 열심히 일하고 노력해서 가족을 살리고 가정에 행복을 주는 아줌마….

아줌마의 시대가 열렸다. 가정의 풍요로움을 위해 열심히 땀 흘리는 우리 아줌마들의 열정의 그룹들이 걸그룹보다 훨씬 예쁘지 않은가?

열심히 일하는 아줌마들이여, 그대들은 아름답도다….

오늘 거울에 비친 내 모습이 너무 예쁘다는 걸 알았다.

오뚝이

어릴 적 오뚝이 장난감을 가지고 많이 놀았다.

넘어지면 일어나고 또 넘어지면 일어난다.

우린 살다보면 많은 것들에 의해 넘어지고는 한다. 물질이라는 돌에
걸려 앞으로 넘어지기도 하고, 사람이라는 돌에 걸려서 뒤로 넘어지기
도 한다.

사람마다 다들 사연들이 있을 터.

박규리도 많은 사연들을 경험하며 살아온 듯하다.

다시 말하면 많이 주저앉고 넘어지고 절망이라는 길바닥에서 펑펑
울며 일어나지 못할 때가 있었다.

사랑하는 영업의 황제들이여, 이제 그만 일어나보자.

일어나서 눈물을 닦고 아픈 가슴과 무릎의 먼지를 털고 다시 걷자.
그리고 성공을 위해 뛰어가자.

주방에 오뚜기 카레가 보인다.

오늘 저녁식사 메뉴로 카레를 선택하자.

오늘은 내 생일. 한 번 더 일어나서 더 높이 멀리 뛰어 갈 테다.

거울도 안 보는 여자

영업을 할 때 가장 중요한 것은 서로간의 느낌이다.

대화를 많이 해서 친숙해지기 전까지는 외모로 그 사람의 느낌을 가질 수밖에 없다.

영업의 성공자는 반드시 외모를 단정히 해야 하고 신경 써야 한다. 그러기 위해서는 하루에 거울을 10번 이상 보자.

거울을 보는 것은 두 가지 목적과 이유가 있다.

하나는 고객을 만나기 전에 얼굴과 옷차림에 문제가 없는지 확인해야 하고, 두 번째는 거울을 보면서 항상 자신감을 갖는 나만의 파이팅 시간을 자주 가져야 하기 때문이다.

영업하는 내용이 아무리 좋았어도 입가에 고추장이 묻어 있었다면….

사업설명을 아무리 잘 했어도 눈곱이 끼어 있다면….

거울을 자주 보자. 거울을 자주 보는 건 또 다른 얘기로 자신을 항상 확인하고 점검하는 성공의 습관이다.

거울에게 항상 물어라.

거울아, 거울아, 이 세상에서 누가 제일 예쁘니?

엽전 열닷냥

지갑에 항상 동전을 넣어 다니는 습관을 가져라.

생각지도 못하게 동전이 필요할 때를 종종 경험하였을 것이다.

작은 동전이지만 고객과 사업 파트너들과의 관계에서 때론 필요충분의 효과를 내기도 한다.

자판기 커피 한잔이 비록 100원이지만 동전이 없어서 못 마실 때는 불편함과 서로 동전이 없는 어색함? 민망함?

그리고 고객이나 파트너들과 10분 이상의 대화의 시간을 놓칠 수도 있지 않은가.

동전…. 우리 집 장롱 안엔 적어도 5만 원어치 동전이 있는 걸 고백한다.

1. 당신의 고객은 누구인가?

지금 제품을 쓰고 있는 고객과 앞으로 제품을 사용해야 할 고객의 명단을 작성하라. 명단을 작성 한 후 영업 일지를 꼼꼼히 고객 개인마다 분류해서 작성하라. 함께 사업을 하는 파트너들의 일의 능률도와 장점과 배울 점을 기록하라.

2. 고객이 우리 제품을 쓰는 이유가 무엇인가?

고객별로 제품을 사용하게 된 이유를 작성하고 성별, 나이, 직업, 성격 등등의 느낌을 기록하라. 50여 명이 넘어가면 자연스럽게 데이터(Data)를 낼 수 있게 된다. 일의 열정도 좋지만 기록과 정리를 통한 고객 데이터와 통계를 적극 활용하자.

3. 제품의 시장성과 사업 마케팅의 전문가인가?

내가 영업하는 제품의 국내외 시장성을 인식하고 공부하라. 사업의 마케팅도 전문 강사처럼 얘기하고 설명할 수 있을 때까지 공부하고, 반복적으로 연습하라.

4. 최고의 영업을 하기 위한 기본 전술은 무엇인가?

고객을 행복하게 하는 것이 영업의 기본 전술이다. 고객의 서비스를 위한 효율성과 신뢰성 그리고 전문성을 반복적인 인식과 교육훈련을 통해 습관화하라.

5. 고객이 우리에게 원하는 것은 무엇이라 생각하는가?

고객이 원하는 결과를 확실하게 보장해주고 제품에 대한 성능과 기술력 그리고 신뢰도를 주어야 한다. 제품에 대한 복잡한 기본 질문과 구매 거래의 방법, 지출 곧 구입 의사에 대한 다양한 방법들과 신뢰를 주어야 한다.

앞의 내용을 현실적으로 정리해 보자.

30대 남성 고객을 만났다.

① 이름 — 김○○, 나이 — 35세, 직업 — 회사원, 고객필요부분 — 건강(비만), 결혼 여부 — 미혼, 성격 — 소심함, 종교 — 기독교, 취미 — 독서, 특징 — 경상도 사투리 그리고 복부비만

② Data를 내보자 → 30대 중반에 미혼 → 그는 결혼을 원한다 → 인간적으로 소개팅 얘기도 꺼냈다 → 좋아한다 → 건강에 관한 얘기를 강조했다 → 반응이 좋다 → 다시 미팅하기로 했다 → 다음번엔 복부비만 얘기를 꺼내야 겠다 → 고객이 필요한 건 건강과 결혼인 것 같다.

③ 두 번째 미팅 → 건강에 관한 중요성을 강조했다 → 고객은 심각하게 받아들인다 → 내가 추천하는 제품의 특별성과 필요성을 강조했다 → 고객은 마음을 연다 → 나는 사명감을 가지고 이 일을 한다고 고백했다 → 고객도 건강해지길 원한단다 → 난 이 사업을 열정적으로 소개했다.

④ 고객이 희망을 갖는다 → 건강해질 수 있는 희망이란다 → 고객의 행복은 나의 행복이다.

⑤ 고객에게 구입의사를 확인했다 → 구입 절차를 자세하게 설명하고 구입을 진행해 주었다 → 고객이 나에 대한 신뢰도가 생긴 것을 확인했다 → 추후 건강관리에 대한 매니지먼트 약속 → 고객은 다른 고객을 소개시켜 주겠다고 한다 → 나 또한 약속을 지킬 것이다.

우리는 고객이 원하는 결과를 확실하게 해결해주고 개개인들이 원하는 특별한 해결책을 사업 안에서 제공해 줄 수 있어야 한다.
고객은 어린아이와 같다.
예쁘고 사랑스럽게 대하고 진정 돕는 자의 자세로 고객을 대하라.

영업은 곧 고객과의 만남이다.

만남이란 대화의 시작이고 대화는 많은 정보와 지식, 경험, 느낌, 감정 등을 공유하며 술잔을 한잔씩 나누듯 주고받는다.

대화의 기술과 방법은 곧 영업의 전략이고 핵심 전술이다.

아무리 말을 잘하는 달변가라도 지식과 경험의 한계는 분명히 있다.

아무리 붕어빵을 맛있게 만드는 아주머니라도 밀가루가 떨어지면 그날 장사는 끝내야 한다.

책을 읽어라. 신문이나 잡지, 소설, 인터넷 글까지 많은 정보 수집을 하자. 필요성을 느끼고 노력을 어느 정도 했느냐에 따라서 대화의 질과 양이 결정된다.

본인 스스로 정보 수집을 찾는 훈련을 하지 않은 사람은 고객과의 대화로부터 화제의 이야기를 들어도 즉각 대응하지 못하기 때문에 영업의 기술을 발휘하지 못하게 된다.

커뮤니케이션(Communication)은 영업의 노하우만 가지고 좌우되는 것이 아니다.

대화의 정보량에 따라서도 좌우된다는 것을 잊지 말자.

아침에 신문을 펼치자. 그리고 우리가 사는 세상의 소식을 접하자.

항상 책을 가까이하라. 책은 종이가 아니다. 우리에게 많은 것을 주는 정보와 경험의 우물이다. 되도록 많은 정보와 경험들을 머리와 가슴에 깊이 간직해야 한다.

우리는 '동네북' 이 되어야 한다.

어릴 적 동네에서 두들겨 맞는 동네북이 아니라 우리 동네에서 가장 책을 많이 읽는 '동네 북(Book)' 이 되자.

청주시 흥덕구. 내가 사는 동네이다.

적어도 우리 동네에선 내가 제일 책을 많이 읽는 동네 북(Book)이
되리라.

박규리, 노래하다

난 지금까지 사람들 앞에서 노래를 한 번도 한 적이 없다.

노래를 못하기도 하지만 사람들 앞이 창피하고 부끄러워서이기 때
문이다.

노래하는 건 정말 자신이 없었다.

그러던 어느 날, 회사에서 리더 동영상을 촬영하라고 하여 집에서
촬영을 시작했다.

인터뷰 도중 동영상을 찍는 업체의 정 대표가 갑자기 "좋아하는 노
래 한 번 불러보라"고 하는 게 아닌가.

말도 안 되는 소리에 안 한다고 말을 하려는데, 강하고 빠른 어조로
"리더로서 회사와 사업자를 위해 하셔야 합니다"라고 내 눈을 쳐다보
는데, 안 하면 전쟁이라도 날 듯이 얼마나 강하게 밀어붙이던지 순간,
생각이 멈췄다.

10초도 안 되어서 나도 모르게 처음으로 다른 사람 앞에서, 그것도

카메라 앞에서 조영남의 '제비'를 불러버리고 말았다.

내 평생 처음 있는 일이었다.

촬영을 마치고 나서 내 가슴속엔 촬영팀의 직업에 대한 자신감과 카리스마가 깊게 새겨졌다.

다음날부터 사람들을 만나면서 '저 사람은 이래서 안 되고, 저 사람은 저래서 힘들고'라는 고정관념을 깬 미팅을 시작했다.

강렬한 눈빛과 자신감 있는 사업 전달이 시작된 것이다.

그 후로 몇 달 후, 난 OS가 되었고, 내 자신감이 나를 기적과 꿈의 동산으로 안내한다는 걸 알았다.

내가 하는 일에 자신감을 가져라. 그리고 당당 하라.

내 말에 권세가 있고, 내 말에 파괴력이 있다고 믿어라.

믿는 순간, 당신은 바로 성공이 시작된 것이다.

자신감은 내 사업에 있어 최고의 비서인 걸 기억하라.

한 달에 100만 원

매달 말일이면 어김없이 집에 우편물이 배달된다.

'교통위반 딱지.'

바로 이놈이다.

하루에 너무 바쁜 일정을 소화했다. 고객들과 약속시간을 지키기 위해서 정신없이 다녔다. 그러다 보니 하루에 몇 번씩 과속 탐지기 카메라에 걸린다.

처음엔 과태료가 너무 아까워서 짜증도 많이 났었다. 그래도 나를 기다리는 고객들을 실망시키고 싶지 않았다.

그래서 오늘도 조금 과속을 해야 한다.

열심히 사람들을 만나고 시간이 없을 땐 길가에도 차를 세운다.

그리고 고객들에게 열정을 준다.

집에 돌아갈 때 핸드백에는 몇 장의 교통위반 딱지가 숨어있다.

그러나 내 가슴엔 성공으로 향하는 행복한 딱지가 심장과 함께 숨을 쉰다.

프로는 스케줄대로 움직이지만, 아마추어는 스케줄대로 움직이지 않는다. 아마추어는 자신이 주도하지 않고 상황이 전개되는 대로 이끌려다닌다. 스스로가 프로라고 생각한다면 목표 설정을 뚜렷하게 하여 스케줄대로 행하라.

사업의 성공을 위해서는 자기 점검이 필요하다. 자신에게 스스로 다음의 것들을 자문자답(自問自答)해 보자.

★ 사업의 성공을 위해

(자신감은 '확신' 입니다)

1. 확고한 신념을 갖고 있는가?

2. 뚜렷한 목표가 있는가?

3. 사고가 긍정적인가?

4. 나이를 극복하고 있는가?

5. 성공을 열망하고 있는가?

6. 실패를 극복할 수 있는가(7전 8기)?

7. 자기를 변화시키려고 애를 쓰고 있는가?

8. 인간애가 있는가(정으로 사랑으로)?

9. 무슨 일이든 솔선수범하고 있는가(조연을 잘해야, 주연도 되고, 감독도 된다)?

10. 충분한 대가를 지불하라(성공을 갈망하는 사람은 고통도 성공의 대가로 생각하고 일을 즐긴다).

11. 이룰 때까지 포기하지 마라(구하라. 열릴 것이다).

사명감

주어진 임무를 잘 수행하려는 마음가짐을 곧 사명감이라 한다. 성공 사업을 위해서는 이 사명감이 매우 중요하다. 그런데 사명감이 부족한 사람은 어떻게 되겠는가.

사명감이 부족한 사람은 불평, 불만의 소유자가 되기 쉽다.

사명감은 갈고 닦을수록 높은 지위에 오를 수 있다.

사명감이 없는 사람은 절대로 윗자리에 오르면 안 된다.

사명감을 생명과 바꿀 수 있는 자세가 되어 있어야만 한다.

사명감이 없는 사람은 남을 이용하기 위해서 사업을 한다.

사명감이 없는 사람은 개인의 이익만을 생각한다.

잘못된 부분에 대해서 사명감이 부족한 사람은 '네 탓이요?'를 말하겠지만, 사명감이 투철한 사람은 '내 탓이요!' 라고 말한다.

성공하는 사업을 위해 사명감이 투철한 '내 탓이요!'를 생각하며 살자.

모든 꿈은 이루어진다

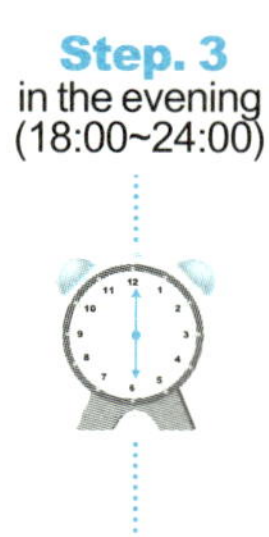

18시

소원을 말해봐

요즘 TV에서 나오는 가수들 중에서 소녀시대가 나온다.

걸그룹들 중에서는 제일 예쁜 듯하다.

소녀시대가 나와서 노래를 부를 때 나는 망설임 없이 나는 "성공이요! 성공이요!" 혼자 크게 말한다.

딸아이는 엄마가 이상하다고 놀린다.

내가 그 노래에 맞춰서 성공이라고 말하는 것은 노래의 제목이 '소원을 말해봐' 이고, 계속 "소원을 말해봐" 부분이 반복된다.

난 그저 어린아이처럼 내 소원은 성공이라고 내 방식대로 부를 뿐이다.

누가 뭐라 해도 딸과 가족들이 놀려도 나는 우리 가정의 행복을 주는 소녀시대 멤버임을 확신한다.

"소원을 말해봐. 소원을 말해봐."

다시 한 번 말하지만 나의 소원은 성공을 통한 가족의 행복이다.

지금 한 번 노래를 가슴으로 불러보라.

소원을 말해봐….

소원을 말해봐….

지성이면 감천

사업을 하다보면 성공 못하는 이유들을 하루에도 수십 가지 표현들을 한다.

1. 사업 자금이 없어서
2. 주위 환경이 허락지 않아서
3. 주위에 인맥이 없어서

등등 성공자의 꿈은 꾸면서 성공인의 행동을 시작하지 못하는 무덤의 법칙, 곧 핑계 없는 무덤을 파고만 있다.

축구선수 박지성 선수를 아는가?

박지성 선수는 세계 최고 명문 프로팀에서 활약 중인 성공한 인물이다.

그가 성공했지만 그의 인생을 잠시 살펴보자.

1. 그의 집은 넉넉지 않았다. 없는 살림에 아들이라도 잘 먹이려고 작은 정육점을 했고, 어렵게 운동을 하면서 꿈을 꾸었다.

→ 사업은 자금이 있다고 해서 성공하는 게 아니다. 성공의 꿈을 꾸어라. 할 수 있다는 생각과 행동이 최고의 사업 자금이다.

2. 그의 환경은 다른 선수보다 체격이 왜소했다. 발도 평발이라 축구하기에 역부족이었다. 그리고 그는 일본의 작은 프로팀에서 꿈을 꾸는 청년이었다.

→ 성공을 하기 위해 노력을 하기에 외모가 어떻고, 시간이 없고, 체력이 안 되고, 자동차가 없고…. 기억하자. 성공은 평범하고 역부족 환경 속에서도 이루어질 수 있다는 것을….

3. 박 선수는 명문대를 다니는 축구선수가 아니었다. 국가대표로 발탁할 수 있는 환경이나 인맥이 전혀 없었다. 그러나 꿈을 꾸는 작은 청

년은 그라운드에서 연습, 연습 또 연습하며 땀을 흘렸다. 어느 날 처음 보는 청년에게 올림픽 대표라는 기회가 주어졌고, 시간이 지나서 우리가 다 아는 것처럼 히딩크 감독의 눈에 땀 흘리는 박지성이라는 얼굴이 들어왔다. 그리고 2002년, 그의 인생은 성공의 길을 걷기 시작한다.

→ 성공하고 싶은가? 땀을 흘려라. 땀을 흘릴 때 서러우면 눈물도 같이 흘려라. 땀인지 눈물인지 상관 말고 무조건 걷고 뛰자. 그러다 넘어지면 일어나 또 뛰어야 한다.

인맥이 없다고? 학력이 부족하다고? 나 같은 게 뭘 할 수 있냐고….

지성이면 감천이다. 반드시 이 말을 가슴에 새기자.

박지성 선수가 박 씨라는 이유로 박규리 나는 오늘 기분이 좋아진다.

지성이면 감천.

사랑하는 영업의 국가대표 선수들이여! 지성이면 성공이다. 파이팅!!

매니저 2

영업을 하다보면 일정이 너무 바쁘고 정신없을 때가 많다.

성공을 하면 비서를 두고 모든 일정과 약속을 관리하게 하지만 그

전에는 정신없이 24시가 돌아간다.

　성공자의 기본은 스케줄의 기본 정리와 일정의 지혜로운 조절 그리고 시간의 효율적 분배이다.

　'PD수첩'이 필요하다. 여기서 말하는 PD는 Professional Director의 뜻이다.

　우리는 최고의 프로이고 영업을 통한 사업의 연출가들이다.

　수첩을 꼼꼼히 정리하고 일정을 조절하며 일하라.

　하루의 일정, 일주일의 일정, 한 달의 일정이 한눈에 들어오게 된다.

　내가 일하는 시간에 만나는 고객의 유형과 자세한 데이터가 자연스럽게 분석이 된다.

　나는 수첩에 항상 만나는 고객들과의 자세한 일정을 정리한다.

　어느 날 A라는 고객과 일식을 먹었다. 그리고 한 달 뒤에 나는 A라는 고객과 다시 만나는 약속을 정해야 했다.

　PD수첩을 보고 나는 이렇게 통화했다.

　"지난달에 식사했던 일식집 어떠셨어요? 오늘은 날씨도 추운데 식사 뭐 하시겠어요?"

　A는 한바탕 웃으며 "아~ 그랬었죠. 편한 걸로 하시죠. 전 아무거나 좋습니다"라고 했다.

　나는 재빠르게 값싸고 맛있는 집을 예약을 한다.

그리고 PD수첩에 시간과 장소 그리고 미팅의 목적과 목표를 기분
좋게 정리한다.

내 사람

어느 날, 라디오에서 DJ가 재미있는 질문을 했다.
"남자들이 제일 좋아하는 여자가 누군지 아느냐?"라는 질문이었다.
운전을 하면서 이런저런 답을 생각했는데….

DJ가 답을 얘기했다.
남자들이 제일 좋아하는 여자는 "처음 보는 여자라는 것"이다.
그 답을 듣고 얼마나 웃었던지….

나도 사람을 처음 만날 때 낯을 많이 가리는 편이었다.
영업을 하면서 정말 많은 사람을 만났다.
시간이 지나면서 사람을 만나는 게 두렵지 않고 편해졌다.

사업에 성공하려면 DJ의 말처럼 처음 만나는 사람을 좋아해야겠다.
하하하….

사업은 사람과 사람의 만남에서부터 시작한다.

처음 만나는 사람을 두려워 말아라. 그 사람이 오징어를 뒤집어쓴 화성에서 온 외계인이라도 가슴을 열고 마음을 열어라. 이 사람의 고향이 어디고, 과거가 어떻고, 집이 몇 평이고, 이런 것은 중요하지 않다.

사람들은 내게 종종 불평을 한다. 좋은 파트너들을 만났으면 좋겠다고, 그러면 성공할 수 있겠다고.

착각하지 마라. 지금 당신 앞에, 우리 옆에 있는 사람들이 가장 좋은 파트너들이다. 처음 보는 사람이건, 우리 옆에 있는 사람이건 지구인이라면 사람을 사랑하라.

그 사랑받은 사람이 바로 당신을 행복하게 만들어줄 매니저란 사실을 반드시 기억하라. 지금 우리 옆에서 일하는 사업 파트너들이 가장 귀한 사람들이라고….

저녁 시간이다. 지금 옆에 있는 동료에게 함께 식사하자고 고백하자.

밥값은 누가 내도 좋다. 식사하면서 고백하자.

"당신과 함께 사업을 하게 되어서 정말 기쁘다고…."

"당신은 내 사람, 내 사람이라고…."

박규리는 무식하다(?)

사람들은 나보고 무식하게 일한다고 한다.

대학까지 다녔던 나지만, 난 그저 남들보다 더 일찍 일어나고, 더 많이 사람들을 만나고, 더 많이 다니고, 좀 더 일하고, 좀 늦게 잠을 청했다.

그랬더니 그 사람들이 무식한 게 부럽단다.

무식하면 용감하다.

오늘부터 조금만 단순해보라.

그냥 하얀 백지에 하나씩 새로 삶을 써보자.

지금까지 경험했던 학문, 습관, 경험 등을 뒤로 하고 순수라는 연필로 인생을 써 나가보자.

위기는 곧 찬스다

지금이 '위기' 라면 '찬스' 라 생각하라. 인생에 있어서 내리막길이 있으면 반드시 오르막길도 있다는 생각을 갖고 절망과 좌절은 잊어버려라.

돈을 벌기 전부터 쓰는 것을 먼저 생각하는 사람은 돈을 벌지 못한다. 돈이란 무작정 버는 사람이 잘 번다. 그저 일이 좋아서 열심히 사는 사람이 돈을 잘 번다는 말이다. 일을 사랑하고 일에 목표를 두고 일을 해라.

능력은 곧 노력이다. 의욕과 노력만이 능력을 키워 나갈 수 있다. 능력을 쌓고 또 쌓아 두터운 능력을 키워 나가라.

집중력만이 기적을 만들어 낼 수 있다. 작은 한 가지 일을 하더라도 최선을 다해 집중력을 갖고 임해야 한다.

만약 여러분이 '지금처럼 살면 안 되겠다'는 생각이 들었다면 빨리 바꿔라. 미적거릴 시간적인 여유가 없다. 한시라도 서둘러야 할 일이다.

천릿길도 한걸음부터, 집을 지어도 벽돌 한 장부터 시작한다. 아무리 조급하다고 해도 차근차근 꼼꼼하게, 멀리 보고 진행하면 못 이룰 일이 없다는 말이다.

성공과 부는 정신자세에 있다. 가장 최악의 상태에 올바른 선택을 하기란 힘들지만, 그런 사람만이 자기의 성공을 이룰 수 있다. 내 성공을 예측해 주는 사람이 많을수록 성공의 길로 빨리 가는 것이다.

성공은 습관이다. 어떻게 습관을 들이느냐에 따라 성공의 성패는 결정 난다. 습관을 바꾸려면 새로운 습관의 노예가 되어라.

수첩 분실? → 박규리는 일정을 수첩 그리고 컴퓨터에 동일하게 정리해둔다.
만일 수첩을 분실하면 → 아마도 한 달간 잠을 잘 수 있을까?
20cm밖에 안 되는 우리의 매니저를 잘 관리하자.

19시

내 친구 문자

핸드폰은 요즘 사람을 위해 많은 일들을 하고 있다. 통화를 비롯한 이메일, 인터넷, 사진 찍기, 음악듣기 등등…. 일상에서 사람에게 가장 중요한 도우미인 듯하다.

고객들과의 통화, 함께 일하는 사업 파트너들과의 수많은 통화들….

하루 평균 몇 시간 통화는 우리의 열정이다.

그런데 가끔은 동료들에게 문자를 받으면 나도 기분이 좋아진다.

여고시절 친구에게 받은 편지 한 장처럼 핸드폰의 문자는 짧지만 감성이 묻어나는 표현인 듯하여 가슴이 설렌다.

사랑하는 가족들에게 혹은 사업 파트너들에게 문자를 보내자.
그것도 세종대왕이 만들었던 한글 중 가장 멋있고, 감동적이고, 힘을 주는 사랑의 편지를 보내자.
성공의 길을 걸으며 힘들 때마다 가슴을 뜨겁게 해주었던 나의 동료들의 문자를 다음과 같이 자랑하고 싶다.

1. 오늘 강의 너무 감동적이었습니다.
오늘 강의는 저에겐 죽고 싶었던 순간을 지워버린 지우개였습니다. 열심히 살겠습니다.

2. 당신과 함께 이 세상에 살고 있다는 이유로 저는 행복하고 감사합니다.
합니다.

3. 힘을 내세요. 힘을 내세요. 힘을 내세요.
에고. 세 번 표현하니까 오히려 제가 힘이 나네요.^^ 홧팅!!

4. 포기하지 않으렵니다. 100번 넘어져도 포기하지 않으렵니다.
김장도 100포기 해봤는걸요.ㅋㅋ 절대로 포기하지 않습니다.

5. 눈물이 납니다. 자꾸 눈물이 납니다.
문자를 보내는 순간 눈물도 저 멀리 보내겠습니다.

개 거품

요즘 강의시간에 '개 거품' 얘기를 종종 한다.
동네 강아지가 낯선 사람 앞에서 한참을 짖으면 거품을 문다.
제품을 열심히 설명하고 일에 대한 열정을 쏟으면 사람도 거품이 날 거라고….

나 역시 일에 관해서 개 거품을 물었다고 얘기하면, 사람들은 크게 웃는다.
거품을 물면 어떠하리.
난 성공하고 싶었다.
개 거품 아닌 더 큰 거품을 입에 물더라도 난 성공하고 싶었다.

성공하고 싶은가.
그럼 오늘부터 일에 대한 열정과 거품 닦을 손수건 하나를 주머니에 넣고 다녀라.

그러면 당신은 성공할 수 있다.

성공하고 나면 창피하지 않다. 그러나 계속 창피한 것만 생각하면 성공하지 못한다.

개 거품이든, 소 거품이든, 무슨 거품을 물던 난 나의 사명을 다할 뿐이다.

오늘은 회식이 있는 날, 식사 중에 동료들이 맥주 캔 하나를 딴다.

맥주 캔의 거품이 넘친다. 동료들의 웃음도 넘친다.

편지

어릴 적부터 난 친구들에게 편지 쓰는 걸 무척 좋아했다.

이왕 쓰는 거 예쁜 편지지에 정성을 다해, 마음을 다해 쓰면, 친구들은 무척 좋아하고 감동받았던 기억이 난다.

내가 편지 쓰는 걸 좋아한 두 번째 이유는 사람 앞에서 말하는 걸 너무 싫어했기 때문이다.

두 사람 이상만 모여 있으면 말문이 막혔다.

에스랜드 초창기 시절, 처음으로 강의 요청이 왔을 때 난 도망가 버렸다.

그러던 내가 지금은 가슴에 열정이 생기고, 마음의 평화가 넘친다.
이 아름답고 행복한 소식을 "임금님 귀는 당나귀 귀!"라고 외치고 싶었던 동화 속 이발사처럼 무조건 말했다.
무조건 말해버렸다.

지금은 매주, 수백 명 앞에서 내가 쓴 편지를 읽듯이 강의를 한다.

강의하면서 아직도 난 정신이 없다.

한 가지 알고 있는 건, '진실은 말을 잘못해도 통하는 거'란 걸 수천 명의 눈빛을 통해 나는 매일 경험하고 있다.

사업의 3가지 병

사업의 성공을 위해서는 고쳐야 할 것들이 있다. 여러분이 사업의 3가지 병을 갖고 있다면, 사업 성공에서 여러분은 탈락자가 될 것이다.

세 가지 병의 첫 번째는 '헤드병'이다.

과거 경력에 너무 연연하는 사람을 말한다. 과거는 주머니에 넣고 현재와 미래를 생각해라.

두 번째는 '안다병'이다.

올바르게 깊게 알지 못하고, 삐딱하게 얇게 아는 것이다. 안다병에 걸린 상태라면 당장 고쳐라.

세 번째는 '조루병'이다.

반복해서 듣지 않는 사람을 일컫는 것으로, 이런 상황을 반복하게 되면 주변에서 자신의 의견을 따르는 사람이 감소하게 될 것이다.

1. 나는 프로다

하루아침에 이뤄지는 성공이란 없다. 진정한 프로가 되기 위해 첫 번째로 갖추어야 할 것이 바로 프로정신이다. 환경에 대한 편견을 버리고 내 분야에서 최고가 되겠다는 각오를 다지는 것이 프로정신의 출발점이다. 나는 오늘도 거울 앞에서 외친다. "박규리, 너는 프로 중의 프로다."

2. 긍정적인 사고방식과 자신감은 내 친구

어떤 어려운 일이라도 할 수 있다는 긍정적인 마음과 자신감을 친구로 가지고 있다면 어려운 고비들을 넘길 수 있다. 내 인생의 가장 좋은 친구 '박긍정', '박자신.' 물론 내 이름은 박규리이다.

우리 삶을 행복과 성공으로 이끌어줄 이 두 친구에게 오늘도 박수를 보낸다.

3. 나와의 싸움

자신이 원하는 것을 얻기 위해서는 끊임없는 자기와의 투쟁에서 이겨야 한다. 자신을 이기면 세상을 이긴다. 자신에게 냉정한 사람이 성공한다.

요즘 나는 새벽 5시에 일어난다. 강의를 많이 하다 보니 기초체력을

위해 수영을 배운다. 오늘 새벽도 자명종소리와 함께 나 자신과 한판
붙는다.

4. 첫인상

인상이란 순간적으로 느껴지는 감정이기 때문에 그 사람의 진짜 모
습과 다를 수 있음에도 불구하고 쉽게 지워지지 않는다. 첫인상이 좋
으면 상대방에게 자신의 진실 된 모습을 보여줄 수 있는 기회가 생긴
다. 항상 웃어라. 그리고 미소를 지어라.

5. 자신만의 패션스타일을 가져라

옷을 입은 모습은 말이나 태도와 마찬가지로 그 사람의 인격을 나타
낸다. 그 사람의 진실성, 취미, 성격, 스타일까지 표현하기도 한다. 자
신에 대해 객관적인 평가를 내려라. 비싼 옷을 사 입는 게 좋은 것만은
아니다. 자기에게 어울리는 의상을 잘 선택하라.

나도 평범한 옷을 사서 밤을 새워 옷을 수선하곤 한다. 아침에 집을
나설 때 의상의 자신감은 하루 동안 유지된다.

6. 나를 팔아라

매력 있는 사람이 사람들에게 더 매력적이다. 사업자로서 '나' 라는
상품을 팔아라. 제품도 중요하고 수익성도 중요하지만, 나 자신의 상품
성을 보여줘라.

내가 만난 사람들이 한결같이 내게 한 얘기는 "OS님 만난 순간, 이 사업을 안 하면 큰일 날 것 같았다"고 늘 말한다.

가격이 100만 원짜리 상품은 99만 원이 나를 판 가격이라 믿어라.

7. 성공하고 싶다면 시간 약속을 철저히 지켜라

시간을 제대로 지키지 않은 사람에게는 큰 일이 주어지기 힘들고, 그만큼 성공할 기회를 잃게 된다.

남녀가 만나 결혼하기까지 첫 번째 서로의 신뢰는 데이트 약속시간 이었을 것이다.

비즈니스의 약속시간은 생방송과 같다. 늘 긴장하고 약속시간을 철저히 지켜라.

8. 사람

《빙점》의 작가 미우라 아야꼬는 "오늘 내가 만나는 사람은 하나님이 내게 책임지라고 맡긴 사람이다"라고 말했다. "지금 나와 함께하는 사람이 귀중한 사람!" 이라고 늘 고백하라.

하나님이 주시는 기적과 축복은 사람을 통해 역사하신다.

축복의 통로가 내 주위 사람이라면 통로가 막히지 않게 늘 관리하라.

핸드폰을 꺼내라. 그리고 내 파트너들에게 사랑한다고 지금 고백하라.

★ 성공을 꿈꾸지 않는 사람은 실패자다.

- 성공을 원한다면 이불 무게부터 이겨라. 자신을 과소평가하지 말고 끈기 있는 사람이 되어라(고장 난 시계도 하루에 두 번은 맞는다).
- 환경이 성공을 말해 주지는 않는다. 행동을 자꾸 편한 쪽으로 하면, 그 길은 성공의 길이 아닌 죽음의 길이다.
- 불이 없어도 늘 타는 사람이 되어야 한다.
- 조건이 비슷한 상황에서는 단순한 자가 성공한다.
- 오른편은 순수의 날개, 왼편은 단순의 날개를 달라.
- 일단 되어 보자가 아니라, 되어도 제대로 되자.
- 순수해야 강하고, 단순해야 성공한다.
- 꿈이 없는 사람은 미래가 없는 것이다.
- 일을 즐겨라. 인생은 지식이 아니라 경험이다.
- 성공의 가장 중요한 것은 마음자세(가짐)이다.
- 단순해야 강하고, 순수해야 즐겁다. 21세기는 준비하는 자의 몫이다. '성공'은 내 자신이 하는 것이다. 활화산처럼 타오를 수 있는 열정을 갖자.

20시

일기와 일지

오늘 하루 일기를 쓰자.

하루의 일들을 표현하는 것도 좋지만 영업 일지를 함께 정리해 보자.

① 오전 10시, 김〇〇 미팅 → 영업 점수 A−

(1시간) → 제품 설명 20분

→ 사적인 대화 15분 → 마음을 나누는 대화 성공

→ 커피 마심 → 영업비 10,000원 지출

→ 제품 사용하기로 결정 → 다른 고객에게도 추천 약속

→ 인간적인 대화 나눔 → 슬픈 사연 들어줌

→ 다음 주 제품 전달하기로 → 식사 약속 잡음

— 매우 만족스러운 미팅이었다. 연극을 좋아하신다는 고객에게 문
화 티켓을 준비하자.

② 오후 2시, 최○○ 미팅 → 영업 점수 D

(40분) → 제품 설명 15분

→ 사적인 대화 10분 → 어색한 분위기 연속

→ 녹차 마심 → 영업비 12,000원 지출

→ 제품 사용 부정적인 의견 → 사전 정보 없었음 ← 나의 실수

→ 인간적인 대화 나누지 못함 → 너무 영업 얘기만 했음 ← 나의 실수

→ 다음 주 미팅 불확실 ← 통화하기로 함 ← 영업 방법 잘못됨

– 만족스럽지 못한 미팅 이었다. 나의 실수는 고객의 정보를 많이 알고 나가지 못한 것이다. 내일 미팅부터는 이러한 점을 보완하도록 하자. 수고 많았다.

침묵은 금이다

영업을 하다보면 많은 스트레스를 받는다.

그중에서도 고객과의 인간관계에서 발생하는 오해나 함께 사업하는 동료들과도 사소한 문제들이 발생하곤 한다.

이것 또한 사람 사는 세상이기에 그럴 수도 있다. 숨 쉬고 살아있기 때문에 받을 수 있는 명제들일 뿐….

오해가 생기면 하루는 침묵하라.

하루를 침묵하면 편하게 이야기를 할 수 있는 기회가 생긴다. 침묵하지 않고 같이 주장을 펼치면 안 좋은 감정이 생기고, 오해의 골이 깊어진다.

문제의 핵심은 뒤로 한 채 감정이 격해져서 나온 단어들 때문에 더 안 좋아지곤 한다.

침묵하라. 적어도 하루를 침묵하라.

만찬

고객과의 특별한 약속이 없을 경우에는 반드시 가족들과 저녁식사를 함께하라.

가능하면 외식보다는 시장에서 장을 보고 주방에서 음식을 만들자.

가족이란 존재는 우리의 꿈이고 희망이다.

가족이 온 식탁에 둘러 앉아 수다를 떠는 분위기를 연출하자.

하루에 있었던 자신들의 일과들을 정신없이 얘기하게 만들라.

MC가 되라. 가족들이 얘기하는 것들에 대해 맞장구를 쳐라.

식사시간이 길수록 좋다. 시간이 길수록, 대화가 길수록 우리 가족의 행복도 길어진다.

오늘은 김치가 맛있게 익었다. 김치 한 줄기를 손으로 찢어서 아들의 수저에 올려놓았다.

아들의 미소는 내게 큰 의미를 준다.

감사하다. 고맙다. 그리고 행복하다.

30분만

영업을 하다보면 바쁘다는 핑계로 운동을 잘 안하게 된다.

각자 취미와 선택에 맞게 운동을 할 수 있겠지만, 나는 걷기 운동을 강력하게 추천한다. 걷기 운동을 30분 정도 하면 뇌에 베타 엔도르핀과 도파민이 분비되어 좋은 컨디션을 주기 때문이다.

우리의 직업은 몸도 바쁘지만 생각도 많은 직업이다.

고대 그리스 철학자인 소크라테스나 아리스토텔레스도 걸으면서 사색을 하곤 했다.

걷기 운동은 체형 고정이나 몸매 관리에도 도움을 준다.

걷기 운동으로 항상 건강과 컨디션을 최상으로 유지하자.

난 지금 걸으면서 이 글을 메모하고 있음을 밝히고 싶다.

하루에 일어나는 많은 일들과 사건들, 걸으면서 생각하라. 생각하며 걸어라.

내가 만난 사람, 김일형 대표

에스랜드의 김일형 대표는 1박 2일 세미나에서 '우리는 하나' 시간이 되면 대중들 앞에서 춤을 춘다.

김일형 대표는 공군 전투기 조종사 출신이다. 그런데 너무 춤을 잘 추어서 '대한민국 하늘을 지키는 시간에 춤만 배웠나?' 라고 우스갯소리를 했다

처음엔 김 대표가 춤추는 걸 좋아하고 즐기는 줄만 알았다.

언젠가 김 대표가 몸이 안 좋고 컨디션이 나쁘다는 얘길 들었는데, 그날 역시 열정적으로 춤을 추는 걸 보았다.

김 대표가 춤을 추는 이유는 사업자들에게 비전과 꿈을 주기 위한 열정 그리고 또 하나의 경영이었다는 것을 가슴으로 느꼈다.

비행기를 안전하게 조종하듯 에스랜드라는 꿈의 비행기를 안전하게 성공의 목적지까지 안내해 줄 것을 나는 믿어 의심치 않는다.

사업자들을 위해 웃어주고 춤도 추어주는 우리의 조종사.

그는 사업자들을 위한 진정한 CEO다.

114 교환원

언젠가 잘 가던 식당 전화번호를 몰라서 114 안내원에게 전화를 했다.

"네, 네. 안녕하십니까, 고객님. ○○○ 식당 말씀이십니까?"

"잠시만 기다려 주십시오."

"행복한 하루 되십시오."

너무 친절하고 상냥하게 안내를 해주었고, 난 미소를 지으며 전화를 끊었다.

몇 분 후, 문득 조금 전 회사에서 사업자와 미팅했던 일이 생각났다.

목이 조금 피곤했는지 제품과 사업설명 안내를 평소보다 조금 부족하게 한 건 아닌지….

충분치 않은 고객의 표정이 자꾸 떠오른다.

배고픈 것은 없어지고 자꾸 고객의 얼굴이 떠오른다.

그 길로 배고픔을 뒤로 한 채 사무실로 달려가 그 고객을 만나서 열정을 쏟아 사업과 제품을 전달했다.

그리고는 114 안내원이 알려준 식당으로 가서 밥을 먹으려하는데, 조금 전 미팅했던 고객에게서 전화가 걸려왔다.

"OS님, 열정에 감동했습니다. 저도 열심히 사업 해보겠습니다."

전화를 끊고 나니 나도 모르게 눈물이 흐른다.

식당 사람들이 나를 쳐다보는 듯하다.

내가 너무 예쁜가?

조용히 식당에서 나와 밤하늘을 쳐다본다.

오늘따라 별들이 왜 이리 밝을까?

아름다운 일에 안내원이 되어보라.

식당을 알려준 어느 114 안내원보다 열정과 사랑을 가지고 꿈과 예쁜 별을 안내해보자.

내가 본 밤하늘의 별, 누구나 볼 수 있는 아름다운 별일 테니….

잘 살아보세

속리산에서 1박 2일 세미나를 하면, 저녁에 '우리는 하나' 라는 시간을 갖는다.

그 시간엔 모든 사업자들이 어린아이처럼 노래를 부르고, 춤도 추고, 각종 감동적인 영상과 이벤트에 눈물을 흘리며 서로의 마음을 안아주곤 한다.

그 시간 중 내가 제일 기다리는 시간은 '잘 살 거야' 라는 노래를 부를 때다.

"잘 살 거야. 잘 살 거야. 우리 모두 잘 살 거야."

노래라는 의미보다 삶의 진정한 고백 같고, 몸부림, 희망, 눈물, 소
망….

이 순간은 어느 뮤지컬 가수보다 인생이라는, 그리고 가족이라는 아
름다운 의상을 입고 뜨겁게 공연을 한다.

내가 숨 쉬고 살아있다는 것을 한 번 더 느끼는 행복한 순간이다.
우리 모두 '잘 살아야 한다.'
정말 잘 살아보자. 파이팅!

고비를 넘어야 목적지가 보인다

성공을 원한다면 산이 오기를 기다리지 말고, 본인 스스로 산으로
올라가라.

무슨 일을 하든지 본인 스스로 움직이지 않으면 그 누구도 움직여
주지를 않는다.

성공을 원하는 사람이 자신의 인생을 다른 사람에게 맡기고 말 것인
가. 본인 스스로 어려움과 고비를 극복해 내어야 원하는 목적지가 보
인다. 그래야 목표도 성취할 수 있다.

자기관리를 못하는 사람은 성공할 수 없다. 성공을 원한다면 머리를 키우지 말고 마음을 키워라. 상대를 만날 때도 머리보다는 가슴으로 대하라.

무엇보다도 꿈을 크게 갖자. 성공하는 사람에게 무엇을 보고 듣느냐는 매우 중요하다.

그리고 겸손해라. 제 잘난 것만 겉으로 드러내서는 안 된다. 상대를 먼저 생각하면 뻣뻣한 보리가 되지 않을 것이며, 고개를 숙이는 겸손한 벼가 될 것이다.

야곱의 축복

성경에 나오는 야곱은 하나님의 축복을 받은 위대한 사람이다. 지금 사람들은 야곱처럼 축복만 달라고 기도하지 야곱의 삶을 살아보려고 노력하진 않는다.

공부는 하나도 안 하면서 대학 합격을 원하는 사람과 같다. 내 강의 중에 성공하려면, 성공한 사람과 똑같이 행동하면 성공을 이룰 거라 자주 강조한다.

　야곱은 축복을 받기 위해 인생의 고난 중에 하나님과 담판을 짓게 된다.

　천사와 씨름하며 끝까지 포기하지 않고 하나님께 매달렸다.

　천사가 야곱의 환도 뼈를 내리쳐서 탈골이 되었는데도, 야곱은 끝까지 천사의 허리를 놓지 않았다.

오늘날 우리는 어려운 고난과 절망이 닥치면 금방 포기를 한다. 조금만 아프거나 조금만 불안해도 우리는 인생의 씨름을 포기하곤 한다.

야곱은 죽을힘을 다해 포기하지 않았고, 하나님은 야곱의 이름을 '이스라엘'로 바꾸시며 그에게 축복을 허락하셨다.

우리도 힘든 현실들이 다가올 때 당황하지 말아야 한다. 야곱처럼 포기하지 않고 끝까지 축복을 붙잡으면 반드시 하나님이 우리를 축복하실 거라 믿는다.

야곱에게 주신 하늘의 축복이 성공을 향해 포기하지 않고, 열심히 살아가는 우리들에게도 오늘도 바다처럼 넘치리라는 것을 믿고 또 믿고 살아가자.

21시

모든 꿈은 이루어진다

2002년 월드컵을 기억하는가?

난 그때의 감동을 아직도 잊을 수 없다.

한국 축구가 4강에 진출한 것도 감동적이었지만 국민들이 경기장에서 한마음으로 카드섹션을 펼치고 목이 터지게 외쳤던 말,

"꿈은 이루어진다."

나는 이 말이 가슴에 문신처럼 새겨졌다.

사람들은 내가 성공의 반열에 오르고, 항상 밝고 활기찬 모습을 보

이는 것에 대해 옛날부터 남부럽지 않게 잘살았을 거라고 얘기들을 한다.

아니다. 틀렸다. 그렇지 않았다.

난 힘든 삶을 살아 왔다.

어느 날은 돈이 없어서 친구들에게 도움을 청하기 일쑤였고, 어느 날은 무기력한 마음에 매일 밤 수면제로 살았다. 희망이 보이지 않았고, 가능성이나 부자의 삶, 행복한 인생은 나와는 관계없는 일이라며 포기하고 살았다.

그러던 박규리의 인생에 기적이 일어나기 시작했다.

성공을 하고 부자의 삶이 나와는 관계없다고 생각하며 포기했던 박규리에게 어느 날 꿈이 생겼다. 그저 막연한 꿈이었다. 그냥 작은 꿈이었다.

주무시는 어머니, 아버지를 보면서 부모님의 삶에 남은 시간이 결코 길지 않다는 걸 느꼈다.

눈물이 흐른다. 가슴이 아프다.

지금까지 큰 그림만 그리는 꿈, 부자가 돼서 여행을 다니는 꿈, 큰 아파트에서 사는 꿈, 외제차를 타는 꿈만 꾸어왔다.

나는 이 꿈에서 깨어났다.

나에게는 이 두 분의 남은여생을 행복하게 해드리고 싶다는 작은 불꽃같은 꿈이 생겼다. 그리고 그 불꽃은 두 눈에 생기고, 가슴에 타오르기 시작했다.

현실적인 꿈, 간절히 이루고 싶은 작은 꿈이 내 가슴에 타고 있었다. 그리고 나는 이 꿈을 향해 일어나서 걷고, 뛰고, 달리고 또 달렸다. 정말 눈물 나게 달리고 또 달렸다.

나는 알았다. 우리가 꾸어야 되는 꿈의 의미를.
영업인들이여, 꿈을 꾸자. 그러나 반드시 기억해야 될 것은,

1. 나에게 필요한 작은 것부터 꿈을 꾸어야 한다.
2. 꿈은 사다리와 같아 하나를 오르면 그 다음이 기다리고 있다. 천천히 하나씩 오르자. 사다리의 끝이 63빌딩이라도 상관없다. 목표는 거대하더라도 순서는 하나씩 올라야 한다.
3. 꿈을 꾸면 반드시 행동으로 옮겨라.
63빌딩만 바라볼 것인가? 손을 내밀어 한 계단의 사다리를 붙잡아라.

★ 꿈의 '라~ 라~ 라~' 세 가지 법칙

1. 꿈을 크게 가져라.
2. 그리고 현실의 작은 것부터 출발하라.

3. 그리고 반드시 행동으로 움직여라.

성공자와 실패자의 차이는,

실패자는 63빌딩에 오른 자기 모습을 상상만 하고, 꿈을 꾸라고 외치기만 한다.

성공자는 63빌딩을 바라보며 사다리를 놓고, 손을 내밀어 오르기 시작한다.

부족한 박규리가 고백한다.

"반드시, 반드시 모든 꿈은 이루어진다."

열라면

사업을 열심히 하다가 지쳤는지 잠시 안주한 적이 있다.

'이 정도면 먹고 살지' 라고 게으름이란 친구가 찾았나 보다.

그러던 어느 날, 열정을 가진 동료 사장님이 나타났고….

세 달 안에 성공하겠다고 열을 올리며 열정을 올렸다.

설마 했는데…. 이 사장님은 정말 세 달 만에 성공의 대열로 합류하는 것이 아닌가.

갑자기 열(?)을 받았다. 물론 선의의 경쟁이지만….

다음날부터 죽을힘을 다해 사업에 열정을 다 했다.

내 열정은 뜨거웠고, 지치지 않았다.

몇 달 후, 난 OS가 되었다. 그리고 어느 주말 저녁에 집에 들어왔는데, 고등학생인 딸이 라면을 끓이고 있었다. 갑자기 나는 라면이 끓고 있는 가스레인지에서 나오는 빨갛고 파란 불을 보았다.

열정적인 불이 라면을 끓게 하는 것을 멍하니 한참을 바라보았다.

라면도 불이 있어야 끓는데….

우리의 불같은 열정으로 성공의 현실을 만들자.

우리 딸이 라면도 잘 먹듯이 엄마가 열정으로 만들어준 행복도 잘 누리리라.

조상 5대의 축복

강의를 하면서 영업이란 걸 하게 된 건 조상 5대의 축복일 거라고 하면 사람들은 한참을 웃는다.

그만큼 축복받는다는 건 좋은 일인가 보다.

오늘 한 가지 더 깨달은 건 영업을 통해 성공하면 현실적인 축복이 있다는 것이다.

현실적인 축복은 내가 하는 일을 통해서 후손 5대가 축복을 받는다는 것이다.

조상의 축복은 감사의 고백이고, 후손의 축복은 현실, 곧 미래의 축복이다.

이걸 생각하면 가슴이 벅차다.

우리의 노력과 성실을 통해서 우리의 아이들이 행복해지리라.

9시 뉴스가 TV에서 나온다.

세상 사는 이야기가 참 재밌다. 내가 사는 이야기는 가족의 행복을 위해 사는 평범하지만 아름다운 축복의 이야기이다.

오늘은 이불 속에 누워서 내가 믿는 하나님께 속삭인다.

"저는 하나님 당신의 축복을 받은 겁니다"라고….

양궁소녀

올림픽이 열리면 금메달은 온 국민을 열광시킨다.

대한민국엔 많은 메달 종목들이 있지만, 그 중에 양궁은 금메달을 거의 휩쓴다. 특히 여자 양궁은 세계 최고 수준이란다.

양궁 경기가 열리면 우리 식구들은 TV 앞에서 숨을 죽인다.

양궁소녀가 활을 당기면 우리의 시선은 몇 초 후 활이 명중될 과녁에 미리 가 있다.

언제나 과녁을 보고 소리를 지르거나 가끔 한숨을 쉬기도 한다.

점수로 인해 메달이 결정되는 것이기에….

어느 날, 내 눈에는 양궁소녀의 눈빛이 보이기 시작했다.

우리는 과녁에만 관심 있지, 혹시 활을 당길 때 그 소녀의 눈빛을 본 적이 있는가.

집중해서 과녁을 쳐다보는 소녀의 눈 속엔 몇 년 동안 이 순간을 위해서 땀 흘리고 훈련한 고통과 노력의 시간이 가득했으리라.

많은 사람들은 성공한 사람들의 수입이나, 아파트의 평수나, 타고 다니는 자동차에 관심 있어 하고, 이것에 박수를 보내고 환호성을 지른다.

성공한 사람들이 과녁을 향해 집중하고 또 집중하여 노력한 그 과정을 생각해 보았는가.

목에 걸리는 금메달을 상상하기보다 집중해서 훈련하는 소녀들을 따라해 보자.

오늘도 열심히 삶과 사업에 집중하자.

정말 열심히 집중하고 노력하자.

금메달은 이미 우리 삶에 도착해 있으리라.

초등학교 넓은 운동장.

방과 후, 친구들과 하나씩 돌을 가지고 땅따먹기를 한다.

고사리 같은 손으로 세 뼘을 재며 가위바위보에 목숨 걸고 조금이라도 손을 찢어 땅을 차지하곤 했다.

싸우기도 하면서 내 땅을 조금 더 가지려고 애쓴다.

그러다 엄마가 교문 앞에서 저녁 먹으라고 소리를 지르시면 놀던 계집애들은 자기 땅이라고 우기던 선을 운동화로 휙~ 지우고, 책가방을 메고 집으로 간다.

그리고 하루일과가 끝났었다.

우리도 언젠가 하늘이 부르면 다 지우고 가야 한다. 다 잊고 떠나야 한다. 한 평의 땅도 동전 한 닢도 허락지 않는다.

사랑하는 사람들이여, 사랑하며 살자.

우리가 가져갈 건, 사랑한 기억들과 사랑받은 감사한 마음뿐일 테니 열심히 일하고, 열심히 사랑하자.

22시

항해

세상을 산다는 건 재밌는 일이다. 그러나 가끔은 세상을 산다는 건 매우 힘든 일이기도 함을 고백한다.

나만의 사업을 한다는 건 쉽지 않은 일임을 또 한 번 고백한다.

우리는 가끔 어려운 일을 만나곤 한다. 바다를 항해하는 한 척의 배가 우리의 인생임을 느낀다. 잔잔한 바다가 평안할 때도 있지만, 예고 없이 오는 거센 풍랑과 파도에 우리는 놀라기도 한다. 겁이 나서 울기도 하고, 슬프고 괴로워서 주저앉기도 했다. 고통이 올 때마다 결코 항해를 포기하지 않는 우리는 용감한 사람들이다.

새벽 동트기 전이 가장 어둡다고 한다.
힘든가…. 두려운가…. 외로운가…?

우리에겐 한줄기 빛으로 우리의 항해를 비춰주는 가족이라는 등대
가 있다.

얼어붙은 달그림자 물결 위에 차고
한겨울에 거센 파도 모으는 작은 섬
생각하라. 저 등대를 지키는 사람의
거룩하고 아름다운 사랑의 마음을

우리는 우리를 사랑하는 가족들이 있어서 이겨낼 수 있다.
폭풍이 몰아치는 날씨를 이기고 거센 파도를 넘어서서 반드시 멋진
항해를 하도록 오늘도 파이팅!!

사형수의 마음으로…

요즘 강의 때마다 사람들이 웃는 이유는 내가 사형수 얘기를 가끔
하기 때문이다. 만약에 우리나라가 공산국가이고, 어떤 일을 주고 일을

못해내면 내일 사형시키겠다고 한다면….

사람들이 작은 미소로 내게 화답한다. 어떤 일이든 이 일을 못해내면 죽는다는 심정으로 일을 하면 못할 일이 없을 거란 얘기다.

'죽고자 하면 산다' 라는 말이 있다.

한 가지 덧붙일 것은 사는 건 나뿐이 아니라 우리 가족들도 같이 살 수 있다는 것이다. 우리 가족이 행복하고 즐겁게 살 수 있는 이유는 내가 죽을힘을 다해 열심히 일하는 대가일 것이다.

사형수의 마음으로 일하라. 성공하지 못하면 죽는다는 마음같이 대단한 마음은 없다.

깊어가는 저녁, 자고 있는 가족들을 생각하라. 목숨을 걸고 하면 못할 일이 없다. 우리는 반드시 성공해야 한다.

대가를 지불하라

두 아이를 낳았다.

고슴도치도 자기 자식은 예쁘리라.

두 아이가 너무 사랑스럽고 예쁘다.

세상의 어머니들이 경험하는 출산의 고통을 기억하는가….

나 역시 이루 말할 수 없는 최고의 고통을 경험하며 보석들을 낳았다. 그리고 아이들을 키우고 돌보아주고…. 일로 표현하자면 중노동에 가까우리라….

세상의 모든 엄마들은 이런 큰 대가를 지불했기에 눈에 넣어도 안 아플 거 같은 사랑스런 존재들과 삶을 함께할 수 있으리라.

성공한 삶! 행복한 삶!
이 삶도 대가를 지불하란다.
지금 당신에게 따르는 고통은 무엇인가.
성공과 행복을 위해 대가를 지불하라.
시간이 지나 밝은 미소의 행복을 계산하리라.

엄마

한 번도 엄마한테 혼나본 적이 없다.
한 번도 엄마한테 잔소리 들은 적도 없다. 그간 그냥 내가 착한 딸인

줄만 알았는데, 내가 너무 부족한 딸이란 걸 오늘 알았다.

내가 엄마한테 잔소리를 하는 게 아닌가.
엄마, 미안해요.
엄마, 사랑해요.
세상에 눈을 감을 때, 우리 엄마 딸이었다는 사실에 행복했다고 고백할 만큼 열심히 살게요.

영업인들이여, 열심히 일하자. 그래서 우리 엄마들에게 행복을 드리자.

내일은 엄마가 일본으로 여행을 가신단다. 나는 오늘 엄마가 입으실 예쁜 봄옷을 고르기 위해 한도 높은 카드를 들고 현관을 나선다.

가족

일에 지쳐 집에 돌아오면 가족들이 나를 반긴다.
살면서 어디에서 무엇을 하든 되돌아갈 가정이 있다는 건 참 행복한 일인 듯하다.

혹시 삶이 힘들어 우리를 괴롭힐 때, 눈을 감고 가족들을 생각해 보라. 우리가 노력해서 그들이 행복할 수 있다면 한 번 해보자.

한 번 부딪혀보자.

한 번 시작해보자.

가족의 힘은 지친 나의 일상에 힘을 주었다.

식탁에 둘러 앉아 함께 김치를 찢어 먹는 그들이 있어 감사하다.

모세는 자기 민족을 가족처럼 사랑했다. 그리고 애급의 아픈 현실에서 백성들과 탈출하고 싶었고, 믿음을 가지고 출애굽 성공을 해내었다. 모세가 홍해를 가르듯 믿음을 가지고 성실의 지팡이로 현실을 내리쳐라. 그러면 반드시 열리리라.

기적의 주인공은 가족을 사랑하는 우리 자신임을 믿어라.

성공적인 삶의 체크 리스트

성공하는 삶을 살고 싶다면 성공적인 삶을 위한 꼼꼼한 체크가 필요하다. 몇 가지 스스로 자문자답해야 할 리스트를 담아본다.

★ 나의 성공적인 삶의 체크 리스트

1. 나는 목표가 분명한 사람인가(작은 것에 흔들리지 마라)?

2. 나는 항상 긍정적인가?

3. 나는 항상 자신감 있는 사람인가?

4. 나에게 집중력은 있는가?

5. 나의 표정은 항상 밝은가?

6. 나의 발걸음은 항상 힘차게 내딛고 있는가?

7. 나의 행동은 적극적이고 능동적인가?

8. 나의 성품은 호감 가는 성품인가?

9. 나는 분별력, 판단력, 결단력이 있는 사람인가?

10. 나의 습관은 성공적인 습관으로 연마되어 있는가?

11. 나의 건강 상태는 양호한가?

12. 나는 자기관리에 충실한가?

13. 나는 큰 그릇을 가진 사람인가?

14. 나는 칭찬의 명수인가?

15. 나는 승부사 기질은 있는가?

16. 나는 끈기와 집념의 소유자인가?

17. 나는 변하려는 생각을 갖고, 항상 시도를 하고 있는가?

18. 나는 생각보다 행동이 앞서는 사람인가? - 갖고 싶은 것, 되고 싶은 것, 하고 싶은 일을 구체적으로 적어봐라.

19. 나는 겸손과 예의를 갖추고 있는가? - 벼는 익을수록 고개를

성공을 위한 TIP

- 열정 지수는 곧 성공 지수와 같다.
- 천재는 태어나지만 인재는 길러지는 것이다.
- 세상은 '진리'가 있다.
- 똑똑한 사람이 되지 말고, 현명한 사람이 되어라.
- 부자가 되고 싶은가? 부자가 하는 짓을 그대로 따라서 하면 된다.
- 성공자가 되고 싶은가? 성공자의 모습을 그대로 모방하라.
- 내가 지금 성공자의 모습을 갖추고 있는가를 봐라.
- '내일'이 있다는 생각을 버리고 당장 뛰어봐라.
- 인생을 바꾸기를 원한다면, 자기 자신부터 변화하고 바꾸어 봐라.
- 1%의 가능성이 99%의 절망을 이긴다.

숙인다. 큰 강물은 소리가 없다.

20. 나는 열정적인 사람인가?

우리 모두 올바른 인생의 사명감을 갖고 살자.

메아리

산 정상에 오르면, 크게 소리를 한번 질러본다.
"야호~~~" 하고 소리를 지르면, 반드시 "야호~~" 하고 되돌아온다.

부정적인 말은 단 한마디라도 삶의 무게다.
안 될 거야. 할 수 없어.
이 말들은 반드시 우리에게 현실로 돌아온다.

긍정적인 말은 단 한마디라도 삶의 축복이다.
잘 될 거야! 할 수 있어!

우리에겐 말의 힘이 있다.
그 힘을 믿어라.

23시

당신은 사랑받기 위해 태어난 사람

지인을 통해 유명한 복음성가 가수를 알게 되었다.

최인혁 집사님, 그분은 20여 년간 복음성가 가수로 활동하시고 우리가 다 알고 있는 '당신은 사랑받기 위해 태어난 사람' 이란 노래를 부르시기도 했다.

우연한 기회에 내가 후원하고 있는 월드비전과 인연이 되어 작은 것을 기획하게 되었다. 평소 노인들의 복지와 봉사에 관심이 많은 나는 최인혁 집사님의 노래에 부족한 나의 메시지를 영상에 담게 되었다.

‘당신은 사랑받기 위해 태어난 사람’ 뮤직 비디오가 기획되고 촬영을 했다.

이후 인터넷에 뮤직 비디오가 올랐고, 검색창에 박규리 집사라고 검색하면 뮤직 비디오가 나온다. 쑥스럽기도 하고 창피하기도 했지만 작은 영상을 통해 한 사람이라도 남을 섬기는 마음이 생긴다면 감사한 일일 거라 생각했다.

촬영을 하면서 나는 다시 한 번 나의 작은 꿈을 다짐했다.

세월이 흐르면 나는 반드시 소외된 노인들을 위한 작고 예쁜 쉼터를 짓고 싶다.

나 또한 사랑을 받았고, 그 사랑을 나누어 주고 싶다.

오늘은 콧노래가 나온다.

“당신은 사랑받기 위해 태어난 사람 지금도 그 사랑 받고 있지요.”

잠도 오지 않는 밤에

하루 일과를 잘 마쳤는가?

영업인들이여, 고생 많았다. 수고했다.

우리의 몸과 마음 그리고 머리가 정말 힘들었을 터….

몸과 마음을 편하게 쉬게 해야 한다.

우리의 몸이 얼마나 귀중하고 소중한지는 누구보다 잘 알지 않는가….

1. 반신욕을 즐겨라.

2. 가벼운 스트레칭이나 체조로 몸을 풀어라.

3. 저녁엔 아주 편안한 복장으로 갈아입어라.

4. 과일을 즐겨라. 그리고 간단한 와인 한잔도 피곤함을 물리친다.

5. 영양제도 잊지 마라. 그리고 발바닥을 마사지하는 습관을 갖자.

6. 잠을 자기 전에 책을 읽거나 음악을 듣는 것도 휴식을 위한 좋은 방법이다.

7. 감사한 마음으로 기도나 명상을 하자.

다행이다

박규리, 내 이름이다.
지금 책을 읽는 당신의 이름은 무엇인가. 한 번 불러보라.
갑자기 낯설다는 생각이 들지는 않은가.

어느 날부터 특히 우리 아줌마들은 이름을 잊어버렸다.
고등학교 때 가슴에 명찰을 달고, 선생님이 수업 때마다 이름을 부르면 "네!" 하고 대답하던 우리 이름들….

결혼하고 우리는 수많은 다른 이름으로 살기 시작했다.
아줌마, 아주머니, ○○ 엄마, ○○ 학부형님, 사모님, 형수님, 제수씨, 며느리, 아가야, 201동 505호 아줌마, 새댁 등. 교회에선 김 집사님, 박 집사님. 절에선 보살님. 성당에선 세례명 등등으로.

나 역시 많은 이름을 가지고 있었다.

에스랜드를 만나고 난 내 이름 '박규리' 를 찾았다.

어느덧 사람들이 '박규리 사장님!' 이라고 내 이름을 부르기 시작했고, 난 내 가슴에 행복한 이름표를 달았다.

성공으로 가자!

그리고 가슴에 우리의 이름을 새기자.

아줌마가 아닌, 세 글자 혹은 네 글자의 이름으로.

인생이란 수업시간에 행복이란 출석으로 크게 대답을 하자.

다행이다.

영업과 사업을 만나서 사업가 박규리로 살 수 있게 되어서.

다행이다.

좋은 사람들을 만나서 사랑하는 부모님과 가족들이 행복한 삶을 살 수 있게 되어서.

다행이다.

참 다행이다.

거위의 꿈

난, 난 꿈이 있었죠.
버려지고 찢겨 남루하여도
내 가슴 깊숙이 보물과 같이 간직했던 꿈

혹 때론 누군가가
뜻 모를 비웃음 내 등 뒤에 흘릴 때도
난 참아야 했죠. 참을 수 있었죠. 그날을 위해

그래요 난, 난 꿈이 있어요.
그 꿈을 믿어요. 나를 지켜봐요.
저 차갑게 서있는 운명이란 벽 앞에
당당히 마주칠 수 있어요.

언젠가 나 그 벽을 넘고서
저 하늘을 높이 날을 수 있어요.
이 무거운 세상도 나를 묶을 순 없죠.
내 삶의 끝에서 나 웃을 그날을 함께해요.

말 못하는 거위도 꿈이 있단다.

꿈을 갖자. 성경에 꿈이 없는 백성은 망한다고 했다.
지금 참을 수 없는 고통과 무거운 현실들이 삶속에 가득해도
꿈을 가져라.
꿈을 가져라.

후회

살면서 가끔 후회를 하기도 한다.
나는 일하는 것만큼은 조금도 후회한 적 없을 만큼 열심히 했다.

강의할 때마다 자신 있게 말한다.
"지금 죽어도 일에 대해서만큼은 후회가 없다"고.

그런데 부모님을 생각하면 후회가 많이 든다.
좀 더 잘해드리지 못한 거.
좀 더 맛있는 음식을 사드리지 못한 거.
혹시나 부모님의 마음을 아프시게 하진 않았는지.
두 분의 주름을 보면, 그냥 눈물만 난다.

엄마 그리고 아버지, 죄송해요. 그리고 사랑해요.
오랫동안 건강하게 제 옆에 있어주세요.

박규리 2

나는 대학을 사범대를 다녔다.
의상을 전공하고 싶었는데, 고 3때 담임선생님은 무조건 사범대에
입학을 시키셨다. 난 정말 대학을 억지로 다닌 듯하다.

난 원래 의상 디자이너가 꿈이었다.
강의시간에도 온통 칠판은 예쁜 옷으로만 보이고….
수업보다는 교수님 옷을 보며 머릿속으로 여러 가지 옷을 입혀본다.

내가 하고 싶은 일을 하면서 산다는 것은 매우 행복한 일인 듯하다.
에스랜드를 만났을 때 이 일은 내가 해야 할 일이라는 느낌이 왔다.
그래서 나는 기쁜 마음으로 열심히 일할 수 있었다.

반드시 기억하라.
성공한 사람들은 일을 억지로 하지 않고, 주어진 일을 기쁜 마음으

로 즐기면서 일한다는 것을….

모든 일에 감사하고 열정적으로 일하라.

오늘 저녁엔 친구들과 삼겹살을 먹었다.

사실 고기를 먹고 싶지 않았는데 억지로 먹었다.

에이, 조금 체한 것 같다. S클린 먹고 자야겠다.

행복한 삶

사람들은 누구나 행복하게 살고 싶어 한다.

박규리도 행복하게 살고 싶었고, 에스랜드를 만나 열심히 일했고, 열심히 달렸다.

어느 날인가, 영국 사람들의 성공하고 행복한 인생을 다큐로 만든 〈BBC-TV〉 '행복' 이 적지 않게 내게도 영향을 주었다.

행복 헌장 10계명

1. 운동을 하라

일주일에 3회, 30분씩 하라. 거창한 운동보다는 무리하지 않고 규칙적인 운동을 하라.

2. 좋았던 일을 떠 올려라

하루를 마무리할 때마다 당신이 감사해야 할 일 다섯 가지를 생각하라. 메모를 하는 것도 좋은 방법이다.

3. 대화를 나누라

매주 온전히 한 시간은 가족들이나 가장 친한 친구들과 대화를 나누라.

4. 식물을 가꾸라

아주 작은 화분도 좋다. 예쁘게 가꾸고 절대로 죽이지는 말라.

5. TV 시청 시간을 반으로 줄여라

적당한 시청은 정보의 전달을 주지만, 너무 많은 시청은 나를 바보로 만든다.

6. 미소를 지어라

적어도 하루에 한 번은 낯선 사람에게 미소를 짓거나 인사하라.

7. 친구에게 전화하라

오랫동안 소원했던 친구나 지인들에게 연락해서 만날 약속을 하라.

8. 하루에 한 번 유쾌하게 웃어라

웃으면 복이 온다. 하늘을 보고 크게 웃어라.

9. 매일 자신에게 작은 칭찬의 선물을 하라

그리고 그 선물을 즐기는 시간을 가져라.

10. 매일 누군가에게 선행을 베풀라

누군가의 고민을 들어주고 위로하라.

행복은 우리가 스스로 노력해서 얻을 수 있는 아름다운 삶의 선물이다.

24시

규리 복음

1. 하나님은 살아계신다.
2. 하나님은 우리를 사랑하신다.

위의 두 가지는 정말 사실이라 믿기에 오늘도 나는 감사하며 열심히 살아간다.

세 가지 소원

내 삶의 세 가지 소원이 있다.
첫 번째는 가난한 노인 분들을 위해 복지 사업을 하고 싶다.
두 번째는 세상의 상처받고 버림받은 여성들을 위한 쉼터를 운영해
보고 싶다.
세 번째는 비밀(?)이다.

혹시 알고 싶다면, TV를 자주 시청해보라.
뉴스에 나올지도 모르니.
그래서 비밀이다.^^

소원을 가슴에 새겨보자.
성경에 "네 믿음대로 된다"고 예수님이 말씀하셨다.
난 남들보다 잘난 게 없다.
그저 이 말을 믿고 기다릴 뿐이다.